Atouts et pesanteurs psychosociologiques au développement en RD Congo

Baudouin KAKURA

ATOUTS ET PESANTEURS PSYCHOSOCIOLOGIQUES AU DEVELOPPEMENT EN RD CONGO

Préface de Rémy MBAYA MUDIMBA

L'Harmattan

5-7, rue de l'École-Polytechnique ; 75005 Paris
http://www.editions-harmattan.fr
ISBN : 978-2-343-13061-3
EAN : 9782343130613

PREFACE

Depuis que le monde est monde, l'homme a toujours cherché à décrypter et à établir des relations de cause à effet entre phénomènes ou événements pour rendre compte de ce qui est. La pauvreté des Congolais et le sous-développement de la République Démocratique du Congo ont essentiellement des déterminants psychosociologiques et culturels, qui se traduisent par les comportements des Congolais en tant qu'expressions de leurs attitudes. Leur réduction ou leur élimination passe par la conscientisation des Congolais, qui vivent pourtant dans un environnement plein de ressources naturelles et potentialités économiques. L'ambition du Docteur (Docteur en Psychologie) **Baudouin Kakura** dans cet ouvrage est d'éradiquer la pauvreté dans les communautés locales de la République Démocratique du Congo. Cette ambition peut-elle aboutir ? Rien n'est moins sûr.

Dans sa thèse de doctorat, **Baudouin Kakura** a analysé les pesanteurs gênant le développement des communautés congolaises. Ici, par contre, comme pour ne pas être négativiste, il examine en plus les atouts pouvant propulser le développement des mêmes communautés de la République Démocratique du Congo. Plusieurs pesanteurs maintiennent les communautés congolaises dans la pauvreté ou la misère, alors que quelques-unes vivent aisément grâce aux atouts inhérents à leur environnement.

Ce livre a le mérite d'adopter une démarche psychosociologique pour atteindre ses objectifs. Pourquoi cette démarche ? C'est justement par ce qu'elle tient compte de :

- l'interaction des processus psychologiques (individuels) et sociaux dans les conduites concrètes ;

- l'interaction des personnes et des groupes dans la vie quotidienne ;
- la jonction entre l'approche objective (celle du sens commun) et subjective (celle de l'individu singulier).

On peut évoquer diverses raisons pour expliquer le développement ou le sous-développement d'une société. En définitive, ces deux réalités se rattachent aux comportements des acteurs sociaux de cette société. Objet d'étude de la psychologie, cette dernière a souvent été à l'écart des questions du développement ou du sous-développement, particulièrement dans notre pays. Partant, il faut y voir un autre mérite de l'auteur de cet ouvrage, à côté de l'adoption d'une démarche combinant, avec bonheur, la méthode qualitative et la méthode fonctionnelle, sans explicitement le dire.

On dirait que ne parler que des comportements des Congolais, c'est omettre les comportements des instances extérieures à la République Démocratique du Congo. Il n'y a aucune omission de notre part, car en donnant la primauté à l'endogène, nous n'ignorons pas que ces déterminants exogènes agissent négativement dans ce pays, mais ils agissent par l'entremise ou la réceptivité des déterminants endogènes.

Suffirait-il d'évoquer ici le cas combien criminel, de la vente du carburant toxique à l'Afrique par des négociants européens, en l'occurrence les négociants suisses, comme le démontre une Organisation Non Gouvernementale suisse dénommée « Œil public » ?

En effet, le carburant vendu à l'Europe par certains pays africains et raffiné dans ce continent est mélangé avec certains produits toxiques, notamment le plomb, la benzine, surtout, le soufre à un taux de toxicité allant de 100 à 1.000 pour ce dernier produit. Ce carburant est exclusivement destiné à l'Afrique, comme indiqué sur ses contenants « spécial Afrique ».

Pour l'O.N.G. en question, selon les informations diffusées par la RFI, le 16 septembre 2016, cette réalité est due à la faiblesse des législations commerciales africaines alors qu'elles occasionnent plusieurs morts en Afrique.

Rémy MBAYA MUDIMBA

Professeur Ordinaire.

INTRODUCTION

La République Démocratique du Congo est un vaste pays au cœur de l'Afrique avec un océan de potentialités naturelles, économiques et humaines attirant de ce fait la convoitise de ses voisins et des grandes puissantes du monde. Elle n'est pas seulement un pays aux mille couleurs mais aussi un pays d'une biodiversité exceptionnelle. Cependant, en dépit de toutes ces opportunités, la population congolaise, dans sa majorité, vit dans des conditions honteuses. Pourtant, plusieurs pays de l'Afrique au Sud du Sahara, avec de très faibles ressources naturelles, ont réussi à émerger des vallées obscures et désolées de la pauvreté et foulent le sentier ensoleillé du bonheur.

A l'intérieur du pays, les inégalités sont énormes entre les différentes provinces et les communautés ethniques. Les provinces potentiellement riches sont les plus pauvres et celles potentiellement pauvres sont les plus riches.

De nombreuses études et stratégies politiques et économiques effectuées par les institutions internationales pour sortir la RDC du gouffre n'ont pas donné des résultats escomptés. De plus en plus, les personnalités averties et les chercheurs se penchent sur les facteurs humains et culturels comme racines du malaise socioéconomique de ce pays.

Abordant la problématique de la pauvreté et de la misère en Afrique, **Paulin Manwelo (sj)** affirme que «le problème fondamental de l'Afrique n'est ni économique, ni politique, comme on l'a toujours ressassé. Le désastre économique de l'Afrique ainsi que ses soubresauts politiques sont plutôt les symptômes d'un malaise beaucoup plus profond qui tient au culturel. En d'autres termes, le mal africain est avant tout culturel avant d'être toute autre chose, économique et politique. Et par culture ici, nous entendons essentiellement le système familial, clanique, tribal et autres formes de vie sur lesquels reposent les relations entre individus dans une société donnée ».[1]

La même thèse est partagée par **Cyrille Mubimba**, pour qui : « Il n'est pas possible de baliser correctement un avenir radieux sans résoudre la question culturelle. Car, ce sont les postulats fondamentaux de la culture qui sous-tendent les valeurs d'une société ; les valeurs dictent les normes, engendrent les règles, les lois, puis les comportements dont la façon de faire les choses qui sont autant observables ».[2]

Pour **Hyancinthe Ngwezi ya Kuiza**, « L'homme est pauvre en Afrique, d'abord parce qu'il n'est pas et non parce qu'il n'a pas. C'est un être qui est en cause, pas un avoir. C'est une pauvreté d'être et non d'avoir ».[3]

C'est dans cette optique que nous orientons nos recherches vers le point de jonction entre le culturel et le psychologique, à savoir la Psychosociologie. Le premier fruit de ces recherches est la soutenance d'une thèse de doctorat, en mars 2015, sur les « *Déterminants Psychosociologiques de la Pauvreté en République Démocratique du Congo* ». Trente-neuf pesanteurs au développement ou déterminants de la pauvreté ont été identifiés par la population dans toutes les provinces de la RD Congo.

---

[1] P. MANWELO, « Chassez le culturel, il revient au galop », dans *Congo-Afrique n° 481*, janvier 2014, p. 7-21.

[2] C. MUBIMBA, « Croissance, inégalités et pauvreté en RDC : quelle peut être la contribution d'une économie sociale », dans *Congo-Afrique n° 482*, février 2014, p. 144.

[3] H.NGWEZI ya KUIZA, Cité par A. KAMBALE RUKWATA, *Pour une théologie sociale en Afrique. Etude sur les enjeux du discours sociopolitique de l'Eglise catholique au Congo*- Kinshasa entre 1990 et 1997, Paris, L'Harmattan, 2004, p. 49.

Le présent module sur les atouts et pesanteurs agissant sur le développement fournit des informations et des connaissances utiles sur les attitudes, les comportements, les stéréotypes sociaux et les us de quelques communautés ethniques de la République Démocratique du Congo. Il s'agit des dispositions psychologiques et culturelles constituant des déterminants du développement local et de toute la nation congolaise. Le module cible les communautés avec leurs déterminants, alors que le premier travail ciblait les déterminants de la pauvreté et passait en revue les communautés.

Cette étude comporte des intérêts certains pour les étudiants en Sciences humaines et sociales, les chercheurs, les acteurs du développement, les dirigeants de la RD Congo à tous les niveaux et toutes les communautés de ce pays. Elle se propose de :

- ouvrir les horizons de connaissances des étudiants en Sciences humaines et sociales et des hommes et femmes de sciences sur les comportements, les attitudes, les stéréotypes sociaux, les us et coutumes etc. des différents peuples de la RD Congo ; ce qui faciliterait leur intégration dans ces communautés et permettrait de transformer positivement les pesanteurs pour booster le développement local et national ;
- donner aux chercheurs le goût de l'investigation dans les dimensions psychosociologiques de différentes communautés ethniques de la RDC, la psychosociologie étant encore un domaine de recherche sous exploité ;
- éveiller la conscience des politiques, des gestionnaires des entités administratives, des responsables des programmes et des projets de développement sur les pesanteurs psychosociologiques de celui-ci et les caractéristiques de quelques communautés et la manière de se comporter pour aider les pauvres à se relever ;

- éveiller la conscience de la population et des communautés ethniques sur l'impact de leurs comportements en rapport avec leur développement ou leur pauvreté.

Sur le plan méthodologique, les investigations sur les pesanteurs et les déterminants psychosociologiques au développement ont été réalisées entre 2010 et 2017 dans les provinces de l'Equateur, Sud- Ubangi, Kongo Central, Kwilu, Tshopo, Ituri, Nord-Kivu, Sud-Kivu, Haut-Katanga, Kasaï Oriental, Kasaï Central, Kinshasa. Les points de collecte des données sont Mbandaka, Bikoro, Gemena, Matadi, Bandundu-Ville, Kananga, Mbuji-Mayi, Kisangani, Bunia, Mahagi, Kindu, Bukavu, Goma, Sake, Butembo, Lubumbashi et Kinshasa. Elles ont fait recours à plusieurs techniques et outils dont le « focus group », l'interview individuelle, la documentation et l'observation naturelle.

Par cette étude, quinze communautés ethniques sont ciblées : Kongo, Yaka, Mongo, Ngbaka, Luba, Tetela, Songye, Hemba, Ngwana, Lega, Shi, Nande, Alur, Lendu et Zande.

CHAPITRE I
PSYCHOSOCIOLOGIE ET COMMUNAUTE

1.1. Psychosociologie

La psychosociologie est une discipline scientifique, une branche des sciences humaines et sociales issue de la psychologie et de la sociologie. Elle est une branche de la psychologie qui étudie la conduite sociale de l'individu et du groupe. Elle s'occupe des interactions sociales et de leurs conséquences.

L'objet de la Psychosociologie est l'examen des rapports entre les personnes à l'intérieur des petits groupes et entre ces derniers, ainsi que dans une organisation ou une société. La Psychosociologie est qualifiée par **Jean Maisonneuve** de «Science de l'interaction. C'est-à-dire l'interaction des influences sociales et des personnalités singulières : relation des individus entre eux et des groupes entre eux »[4].

Bien que de naissance récente, la Psychosociologie a déjà joué un rôle très important dans la vie des groupes et des organisations, comme l'affirme **Turki Anis**. Pour ce Psychosociologue, « En tant que science de l'action et praxis engagée dans la vie sociale, la Psychosociologie a profondément renouvelé les perspectives dans de très nombreux domaines où elle exerce son influence sur le fonctionnement des groupes et des organisations, processus de changement,

---

[4] J. MAISONNEUVE, *Introduction à la Psychologie,* Paris, PUF, Coll. « Le psychologue », 1989, p. 13.

rapport de pouvoir, traitement des conflits psychologiques et sociaux, rapports entre recherche et pratique sociale, sciences de l'éducation, formation, pédagogie, enquête sociale et économique, travaux sur l'opinion publique, études de marché ou de motivation, psychothérapie, travail social, etc. »[5].

1.2. Communauté

Le concept de communauté est couramment utilisé par tout le monde et ses compréhensions sont assez diverses mais convergeant vers certains points.
Pour **Wikipédia**, «une communauté est un groupe d'êtres humains partageant des éléments en commun, tels que la langue, les coutumes, la localisation géographique, la vision du monde ou les valeurs. Au sein d'une communauté, une identité commune est créée par la différenciation d'autres groupes ou d'autres communautés »[6].
Plus largement, en biologie, il s'agit d'un système au sein duquel des organismes vivants partagent un environnement commun et interagissent pour le bien de tous.
Les frontières entre une communauté et une autre sont floues. Quand une communauté donnée est un petit village, séparé de quelques kilomètres d'autres villages, dans une zone rurale, ses frontières semblent à première vue très simples. L'interaction humaine entre ce village et ses autres villages peut être vue comme seulement constituée des résidents vivants à l'intérieur de cet espace localisé, dans ce village. Mais ses résidents interagissent aussi avec des gens vivant à l'extérieur du village. Ils se marient avec des personnes venant de près ou de loin, et nombreux sont ceux qui déménagent ou emmènent leur épouse

---

[5]A. TURKI, ***Cours de Psychosociologie***, Paris, ISSEP DU KET, 2011-2012, p. 35.

[6] WIKIPEDIA, **Concept communauté**, http://les definitions.fr/ communauté ixzz3psLmfZ8b (25 juillet 2016 à 12 heures).

vivre avec eux. A certains moments, ces résidents du village pourront avoir des sœurs, frères, cousins, parents vivant autre part. La frontière de cette communauté n'est pas si précise que cela.

En tant qu'organisation sociale, la communauté est culturelle ; ce qui veut dire qu'il s'agit d'un système des systèmes, et qu'il est fait de choses qui sont apprises plutôt que transmises par gênes ou chromosomes. Tous les éléments sociaux ou culturels d'une communauté, de sa technologie à ses croyances partagées, sont transmis et préservés par des symboles.

Les exemples de communauté sont nombreux mais les quatre ci-dessous peuvent édifier :

- communauté scolaire que représente l'ensemble des membres (élèves, enseignants, personnels, parents) d'un lycée ou d'une école ;
- communauté des Sœurs de la Charité ;
- communauté religieuse des personnes qui professent une religion comme la communauté chrétienne d'Irak ;
- communauté « Lega » vivant dans la Ville de Kinshasa.

Dans ce module de Psychosociologie, l'étude des communautés est abordée sous les aspects de clan, de tribu ou d'ethnie ; autrement dit des groupes de personnes qui ont les mêmes origines, partagent des valeurs communes et interagissent pour leur promotion ou leur développement socio-économique.

1.3. Communautés ethniques en RDC

La République Démocratique du Congo est bien connue au monde pour sa diversité culturelle avec ses cinq grands groupes ethniques (Bantou, Soudanais, Nilotiques, Semi-hamites, Pygmées) et plus de quatre cent communautés tribales et linguistiques qui en font une grande richesse.

Pour **Pamphile Mabiala Mantuba- Ngoma**, « Le Congo est connu comme étant une mosaïque culturelle composée de peuples bantu, soudanais et nilo-hamite. On y distingue environ quatre cent groupes ethniques, répartis en treize aires culturelles qui enjambent deux à cinq provinces. Certaines aires culturelles débordent les frontières nationales. Les peuples, vivant au sein de ces unités géoculturelles, appartiennent à des groupes ethniques différents mais ils ont une histoire commune, des langues apparentées, un mode de vie commun, des institutions sociopolitiques semblables et une conscience d'appartenir à ce terroir ».[7]

Le développement de la RDC est intimement lié à la culture des Congolais et aucun programme de développement ne peut réussir s'il ne tient pas compte des normes et des valeurs culturelles. Pour l'auteur précité, « Les acteurs locaux ont des aspirations, des attitudes, des croyances, une mentalité, une vision du monde, une vision de la vie et du bonheur, une spiritualité et une éthique qui obligeraient toujours les développeurs à se mettre à leur école. Certaines valeurs positives seraient progressivement bafouées au profit des éléments de la modernité tandis que d'autres valeurs négatives connaîtront la patine du temps, à cause de la volonté des Congolais d'avoir une société moderne et policée ».[8]

Les principales communautés ethniques ou tribales de la RDC sont ainsi réparties par province dans le tableau ci-dessous :

Provinces	**Ethnies**	**Provinces**	**Ethnies**
Kongo Central	*Kongo (Yombe,*	Kwango	*Yaka*

[7] P. MABIALA M.N, Les pesanteurs culturelles en République Démocratique du Congo », dans *Les porteurs du développement durable en R.D.Congo*, Kinshasa, Editions du CEPAS et du Spectrum, 2009 p. 418.

[8] P. MABIALA M.N, *Op. cit.* p. 426.

	Manianga, Ndibu, Ntandu, Zombo		
Kwilu	*Mbala, Pende, Yans, Mbunda*	Mai-Ndombe	*Nunu, Teke, Sakata*
Equateur	*Mongo, Ekonda*	Sud- Ubangi	*Ngwaka*
Nord-Ubangi	*Nbgandi*	Mongala	*Mbuja, Ngombe*
Tshuapa	*Mongo*	Bas- Uélé	*Zande, Boa*
Haut-Uélé	*Logo, Budu, Yogo*	Tshopo	*Lokele, Topoke, Kumu, Bango*
Ituri	*Alur, Lendu, Hema, Lugbara*	Nord- Kivu	*Nande, Hutu*
Sud- Ubangi	*Shi, Lega, Vira*	Maniema	*Lega, Kusu, Bangubangu*
Sankuru	*Tetela*	Lomami	*Songye*
Kasaï Oriental	*Luba*	Kasaï Central	*Lulua*
Kasaï	*Kuba, Pende, Chokwe*	Lualaba	*Lunda, Sanga, Chokwe*
Haut-Katanga	*Bemba*	Haut-Lomami	*Lubakat*
Tanganyika	*Lubakat, Hemba*	Kinshasa	*Teke, Humbu*

1.4. Psychosociologie des communautés

Pour rappel, la Psychosociologie est une discipline scientifique qui étudie les interactions sociales et leurs conséquences au sein et entre les groupes, les organisations, les sociétés pour en améliorer l'organisation et le fonctionnement.

La Psychosociologie des communautés, quant à elle, s'intéresse spécifiquement aux interactions sociales entre les membres d'une communauté, les sous-groupes au sein de la communauté ou les différentes communautés. Concrètement, elle étudie les comportements, les attitudes, les stéréotypes sociaux et les us et coutumes des membres d'une communauté, pris dans leur ensemble.

L'orientation de la Psychosociologie vers les communautés s'explique par le fait que chaque communauté a ses propres intérêts, sa logique d'organisation et ses formes de participation qui diffèrent souvent des autres cadres de référence.

La Psychosociologie des communautés est différente de la ***Psychologie communautaire*** définie par Wikipédia comme « une discipline psychologique qui s'intéresse au développement social, à la justice sociale, à la santé des territoires et des individus dans leur environnement. C'est une discipline qui se distingue de la psychologie clinique en s'intéressant non plus aux individus seuls mais aux individus dans leur(s) environnement(s). Elle se distingue de la psychologie sociale en ce qu'elle cherche à promouvoir la justice sociale (l'équité sociale et sanitaire) et peut ainsi être qualifiée de discipline engagée »[9].

De manière plus concrète, le module de Psychosociologie des communautés se penchera sur quelques grandes communautés ethniques de la RDC pour identifier et analyser leurs comportements ainsi que leur us et coutumes qui constituent soit des pesanteurs, soit des déterminants de leur développement. Il tire son fondement de l'observation de la

---

[9] WIKIPEDIA, Psychologie communautaire, https://fr.wikipedia.org/wiki/Psychologie_communautaire (consulté le 27 janvier 2016).

grande différenciation dans les niveaux de développement entre les peuples et de la nécessité de transformer l'homme congolais et sa société pour parvenir à son développement durable et équilibré.

CHAPITRE 2. ATOUTS ET PESANTEURS AGISSANT SUR LE DEVELOPPEMENT

Comme déjà signalé plus haut, la République Démocratique du Congo présente des diversités culturelles énormes. Ainsi, les différentes communautés qui la composent ont des comportements également différents, qui déterminent, selon le cas, leur développement ou leur pauvreté.

En effet, la culture congolaise comprend à la fois des atouts et des pesanteurs qui agissent sur le développement, facteurs stigmatisés par **Pamphile Mabiala Mantuba-Ngoma**[10].

S'agissant des atouts du développement, il sied de retenir que le devenir historique des populations de la RD Congo a toujours été marqué par l'esprit communautaire, l'esprit de solidarité, la conception de la vie, la démocratie participative et le pluralisme culturel.

Quant aux pesanteurs culturelles du développement, l'auteur affirme que le développement du Congo est mis à défi par plusieurs contraintes qui sont perceptibles dans les domaines social, politique, économique et spirituel.

Dans notre recherche participative sur « Les déterminants psychosociologiques de la pauvreté en R.D. Congo »[11], comme

---

[10] P.MABIALA M. *Op cit.*, p. 415.

[11] B. KAKURA, Déterminants Psychosociologiques de la Pauvreté en République Démocratique du Congo (Thèse de doctorat en psychologie), Université de Kisangani/ FPSE, 2015, pp. 141-142.

dit plus haut, nous avons identifié trente-neuf facteurs qui maintiennent les différentes communautés dans la pauvreté. Certaines pesanteurs sont communes à la plupart des communautés et provinces, d'autres, spécifiques à quelques ethnies.

Les plus importants des déterminants spécifiques sont :

1. la paresse, l'oisiveté et la passivité ;
2. les traditions, les us et les coutumes ;
3. les conflits sociaux :
4. la sorcellerie, la jalousie, la haine et le fétichisme ;
5. le parasitisme familial et l'attentisme ;
6. le tribalisme et le clanisme ;
7. le manque d'esprit d'initiative, de créativité et d'entreprise ;
8. le manque d'esprit associatif ;
9. le fatalisme, l'accommodation ;
10. l'alcoolisme ;
11. la culture de la cueillette ;
12. la colonisation et l'évangélisation.

2.1. Communauté Kongo

La Communauté « *Kongo* »(les « *Bakongo* ») est un peuple localisé dans les Provinces du Kongo Central et de Kwilu en RDC, au Sud de la République du Congo (Brazza), dans une grande partie de l'Angola. La structure familiale des Bakongo est matrilinéaire : le rôle de l'oncle maternel y concurrence donc celui du père.

Au Kongo Central, les « Bakongo » sont composés de plusieurs tribus dont les plus connues sont : Yombe, Nyanga, Zombo, Ntandu, Ndibu. Dans la Province du Kwilu, il y a les Mbala, Pende, Yans, Sakata, Mbunda, etc.

Par sa position stratégique par rapport à l'océan et à la capitale du pays, le peuple « Kongo » aurait un niveau de développement plus élevé. La civilisation (colonisation, évangélisation et commerce) est entrée au Congo par cette partie, donc à l'ouest. Cependant, plusieurs pesanteurs psychosociologiques continuent de maintenir cette communauté dans la pauvreté.

Selon nos études antérieures effectuées entre 2010 et 2012[12], les pesanteurs les plus notables par rapport au développement des provinces du Kongo central et du Kwilu sont : (1) la sorcellerie et la jalousie ; (2)

la tradition, les us et les coutumes ; (3) le manque de goût de risque et d'aventure ; (4) la cupidité et l'égoïsme.

Cependant, le Peuple « *Kongo* » dispose des atouts pouvant contribuer à la promotion socio-économique de sa communauté et de son espace vital. Les plus visibles sont : 1) la culture de concertation et de réconciliation ;

2) l'humilité, l'honnêteté et la discrétion et 3) le travail.

Culture de concertation et de réconciliation

Dans les villages comme dans les milieux urbains, les membres de la Communauté « *Kongo* » se concertent régulièrement et chaque fois qu'il y a besoin. Ils se concertent en cas d'organisation des deuils, des élections démocratiques et d'événements heureux comme le mariage, la première communion des enfants, etc. En cas de conflits entre membres, la palabre est la voie de résolution et les parties prenantes sont obligées de se conformer au verdict. La participation à de telles rencontres est une exigence de la tradition et des coutumes, exigence à laquelle personne ne peut se dérober.

---

[12] B. KAKURA, *Op. cit.* pp. 141-142.

Cette disposition des « *Bakongo* » est confirmée par Pamphile Mabiala Mantuba Ngoma qui a écrit, nous citons : « S'agissant des atouts pour le développement, il sied de retenir que le devenir historique des populations du Congo a toujours été marqué par l'esprit communautaire, l'esprit de solidarité, la conception de la vie, la *démocratie participative* et le pluralisme culturel.

Dans la gestion quotidienne de la communauté, les délibérations sur les questions importantes et la régulation des conflits se tenaient, sous forme de palabre, sur une place au milieu du village. La palabre constitue une école d'éducation à la tolérance, à la justice et à l'humilité, à la responsabilité de ses actes et à la coopération mutuelle dans la prise de parole, valeurs sans lesquelles une vie communautaire régulée et paisible ne serait pas possible »[13].

Humilité, honnêteté et discrétion

La Communauté « *Kongo* » a une vision du monde, une vision de la vie et une éthique, vertus auxquelles tous les membres sont astreints.

Le Peuple « *Kongo* » est humble et honnête ; il vit dans la discrétion, contrairement à d'autres communautés de la RD Congo. Même en situation de solitude, le « *Mukongo* » respecte l'éthique, les normes sociétaires et, surtout, a peur des sanctions des esprits de ses ancêtres.

Travail

Les « *Bakongo* » sont un peuple travailleur, qui s'adonne à toutes sortes de travail : agricole, petit métier (garage, menuiserie, couture, domestique, etc.), administration où ils

---

[13] P. MABIALA M., *Op. cit.*, p. 418.

sont majoritaires dans l'administration publique à Kinshasa. Leurs efforts et bonne volonté sont souvent freinés par certaines pesanteurs développées ci-dessus.
La philosophie « *kongo* » est claire et rigoureuse sur le travail de l'homme. A ce propos Eboussi Boulaga écrit : « A cause de sa désobéissance, l'être humain doit désormais travailler dur pour reconquérir l'amour brisé, pour se marier. Le travail marque le passage de la nature à la culture, de la cueillette à l'agriculture et à la cuisine. (...) le travail est une preuve que Dieu n'a fait qu'ébaucher l'être humain. C'est sur terre que chacun se crée par sa capacité à travailler »[14].

Sorcellerie et jalousie

La sorcellerie et la jalousie sont deux fléaux intimement liés, qui freinent le développement dans les milieux ruraux en RDC. Nous comprenons la sorcellerie comme un occultisme, une magie, une puissance diabolique et maléfique que détiennent certaines personnes pour nuire aux autres, par incantation.
La jalousie, quant à elle, a été explicitée comme suit par Ndjango Ogombi: « Le sentiment de la jalousie tire son origine dans une confusion de soi et d'autrui. Il est fait d'une identification positive à celui qui est envié et d'une frustration. Des comportements divers le prolongent, qui vont de l'agressivité manifestée à la passivité de rumination vengeresse. La jalousie pousse les antagonistes à des attitudes perverses les uns envers les autres. L'épanouissement et la promotion des uns sont mal perçus par les autres et vice-versa, peu importe les mérites ».[15]

---

[14] EBOUSSI B., cité par E. VANGU VANGU, Sexualité, Initiations et étapes du mariage en Afrique. Au cœur des rites et des symboles, Paris, Publibook, 2012, p. 41.
[15]NDJANGO O. **Pour une nouvelle ère de cohabitation inter communautaire en Ituri**, Kisangani, Edition BUTRAD, 2005, p. 18.

Partout au pays, la population reconnaît la sorcellerie, mais avec des manifestations et des conséquences très différentes. L'influence de la sorcellerie est très négative chez quelques peuples dont les « *Bakongo* » où la peur des sorciers est tellement ancrée dans la vie que les initiatives de développement sont devenues rares dans la plupart des villages. Les exemples de la peur d'émerger ou de vivre dignement sont particulièrement légion dans les Provinces du Kongo Central et du Kwilu.

La sorcellerie est le plus grand mal qui ronge la Communauté « *Kongo* » et freine sérieusement son développement, comme l'affirme Henri Matota (s.j.) : « D'après ce que j'ai vécu depuis mon enfance, concernant le *kindoki,* d'après mes nombreux contacts avec les gens dans mon ministère de retraites, je suis arrivé à cette conclusion, sauf erreur de ma part, que le *kindoki* constitue un obstacle majeur à l'évolution chez les Bakongo ».[16]

Dans cette communauté, les sorciers jouent un double rôle, celui de la protection de la famille ou du clan et celui de jeteur de mauvais sort contre ceux qui ne pactisent pas avec eux. Ils sont donc des personnages nuisibles qui causent des malheurs aux autres, tuent, rendent infirmes, bloquent les bonnes initiatives et font tout pour ramener les autres vers le bas.

En général, les sorciers sont bien connus dans les villages et sont même catégorisés selon leur puissance de nuisance. Ils sont craints et respectés par les autres membres de la communauté. Ils peuvent causer du mauvais sort à quelqu'un ou tuer une personne au su et au vu de tout le monde sans être inquiétés par la famille de la victime.

---

[16] H. MATOTA, cité par F. KAMAFUNZI, *Le Congo : un mendiant assis sur une montagne d'or*, Kinshasa, Edition Amimweni, 2008, p. 64.

Pour éviter de tels malheurs, les gens qui vivent en villes ne rentrent plus au village. Ceux des villages désertent leurs milieux pour habiter loin de ces puissances. Les personnes condamnées à résider dans leurs milieux d'origine n'investissent pas suffisamment et se content de vivre dans la pauvreté en dépit de leurs potentialités. La jalousie est donc à l'origine de ces œuvres de malfaisance des sorciers.

Tradition, us et coutumes

Les populations africaines, en général, et congolaises, en particulier, sont fortement liées à leurs traditions et coutumes, qui influent sur leur existence, leurs comportements, leurs conditions de vie et la situation de leurs milieux. Malgré l'introduction de la civilisation européenne par la colonisation, les traditions et coutumes n'ont cessé de marquer la vie des populations africaines, même en milieu urbain.
Le Peuple « *Kongo* », partout où il se trouve, est fortement attaché à sa tradition, aux us et coutumes dont les déterminants les plus importants sont l'accès à la terre, le mariage matrilinéaire, la mort d'homme et le repos obligatoire.
Accès à la terre. Dans la Communauté « *Kongo* », l'accès à la terre est conditionné au paiement d'une redevance, qui est un facteur très appauvrissant. La récolte est partagée entre le propriétaire foncier et l'exploitant. Tous les peuples sont concernés par le système de redevance, dont les normes sont strictement fixées par les coutumes. Chez les « Bandibu », en Province du Kongo Central, l'expression la plus largement partagée est « *dia nkala sisa nkala* » (partage équitable avec les revenants ou les morts). En effet, le peuple « Ne Kongo » est très attaché aux esprits de morts et la référence aux morts explique l'exigence incontournable du partage de la production. Le non respect de cette norme sociale entraîne l'absence de la production ou de la récolte à l'exploitation suivante. Celui qui

ne partage pas équitablement la récolte est sanctionné sans pitié. A l'exploitation suivante de la terre, il ne peut obtenir une production. Son champ ne produira pas.
Cet attachement aux esprits de mort est expliqué par Pamphile Mabiala Mantuba Ngoma en ces termes : «Les individus vivent toujours en interdépendance avec les autres et les uns pour les autres. La communauté est composée des vivants et des morts. Les ancêtres sont les vrais propriétaires de la terre pour éviter son aliénation et garantir la vie des générations successives. »[17]
Mariage matrilinéaire. Dans la Communauté « *Kongo* », la société est matrilinéaire et la filiation s'effectue par le lignage de la mère, c'est-à-dire les enfants appartiennent au clan de la mère. Ce système comporte certaines faiblesses, qui constituent des freins au développement harmonieux des ménages et de la communauté.
D'abord, il favorise l'irresponsabilité des parents géniteurs qui peuvent devenir des « pondeuses », autant que cela est possible, sans aucun souci de l'avenir ou du bien-être des enfants dont la charge est assurée par les oncles maternels. Ensuite, l'éducation des enfants est flottante entre les deux familles et personne ne se sent totalement responsable. Enfin, l'aspect le plus important est l'augmentation des charges pour l'oncle maternel qui doit s'occuper, en priorité, des enfants de ses sœurs, en dehors de ses propres enfants, surtout s'il dispose d'un peu de moyens financiers et matériels. Le bien–être de sa famille est compromis à cause de la surcharge familiale et de l'irresponsabilité des autres membres de la société.
Violence faite à la femme. La femme qui perd son mari est dépouillée de tous les biens de la famille et doit continuer de garder et d'éduquer les enfants, dont les conditions et l'évolution deviennent très difficiles. Cette pratique coutumière est en vigueur même dans les milieux extra coutumiers,

[17] P. MABIALA M. N., *Op. cit.*, p.418.

spécialement dans la Ville de Kinshasa. Elle résiste à l'acculturation et aux lois portant protection de l'enfant et de la femme.

Dans son article : « Violence domestique et culture en RD Congo », Mabiala Mantuba Ngoma écrit ce qui suit : « Un autre cas de violence psychologique est celui infligé à la veuve par ses belles-sœurs, qui peuvent porter atteinte à l'intégrité physique et morale de la victime. La veuve est soumise à des rites dégradants qui consistent à l'obliger à porter des habits sales et à s'asseoir sur une natte en prenant des positions précises, parfois à la battre, à l'insulter, parfois à la déshabiller, à oindre son corps de potions puantes, etc. La violence faite à la femme à l'occasion de la mort de son mari par sa belle- famille se situe aussi dans le prolongement de la dot ».[18]

Mort d'homme et repos obligatoire. Chez les peuples Kongo, la mort d'une personne dans un village entraîne une suspension du travail pendant toute la période de deuil, dont la durée peut facilement atteindre une semaine. Les cas de décès peuvent se succéder dans un même village et porter davantage préjudice à la production. Les villages voisins viennent également compatir avec le village éprouvé et observent également des jours sans travail.

La mort d'une personne mobilise tous les membres de la famille partout où ils se trouvent. Les proches résidant en diaspora sont obligés également de se déplacer vers le lieu de deuil. Les grandes personnes mortes en dehors de leurs villages sont acheminées dans leur terroir pour enterrement. Les cérémonies funéraires sont trop couteuses et peuvent appauvrir les concernés ; chacun étant obligé d'apporter quelque chose sous peine d'une sanction sociale. Les tombeaux sont construits dans des endroits très visibles (le long des routes ou sentiers) et, parfois, mieux que les maisons d'habitation.

[18] P. MABIALA M.N., *Op. cit.*, pp. 545- 546.

Tout cela est lié à la ferme croyance que les morts ne sont pas morts. Ils sont régulièrement invoqués dans certaines circonstances.

Cupidité et égoïsme

Le « *Mukongo* » épargne (thésaurise) jusqu'à la mort sans que personne, même son conjoint, ne le sache. Pendant ce temps, lui et sa famille vivent dans la pauvreté. Il préfère garder de l'argent pour ses funérailles que se soigner ou améliorer les conditions de vie de sa famille. Il dépense le minimum possible, sauf en situation de deuil et de mariage, n'investit pas pour des réalisations très visibles et ne partage pas. Il vit dans une apparence de pauvreté même s'il détient un revenu assez important.

Plusieurs cas sont connus et se racontent. Un magistrat Kongo serait décédé en laissant 25.000 Usd bien cachés dans un des pieds de son lit (en brique) sans que sa femme ne le sache. Avant de mourir, il souffle à son épouse et avec insistance « *mon argent, mon argent, mon argent* !». Finalement, la femme envoie son fils aîné chercher l'argent dans la maison. Après un grand travail de recherche, l'enfant retrouve le trésor caché. Un autre est décédé par manque de paiement des frais des soins médicaux. Après sa mort, sa femme, mettant de l'ordre dans la maison, a trouvé 300 Usd cachés dans la valise.

A ce sujet, le Peuple « *Kongo* » a des comportements totalement contraires à ceux des peuples « *Luba* » et « *Nande* ». Le premier dépense même pour des frivolités tandis que le second épargne et investit pour son auto développement ou le développement de la communauté.

Manque de goût de risque et d'aventure

Par sa nature, le « M*ukongo* » n'a pas un goût de risque et d'aventure, à l'instar d'autres peuples comme les « *Luba* » et les « *Nande* ». Il reste très attaché à sa tradition, à ses coutumes et à son milieu. Il prend difficilement des risques dans les nouvelles affaires ou les déplacements quand il n'a pas toute la garantie que sa sécurité est assurée.
Les pesanteurs à la promotion des conditions de vie des peuples « Kongo » sont nombreuses. Cependant, il y a des comportements favorables au développement que l'on rencontre rarement ailleurs ; et les plus notables sont : (1) la capacité de se concerter et de se réconcilier ; (2) le travail ; (3) l'humilité, l'honnêteté et la discrétion.

2.2. Communauté Yaka

La Communauté « *Yaka* ou *Bayaka*» habite les plateaux de la Province du Kwango, une des provinces démembrées du Bandundu, précisément dans les territoires de Kenge, Popo-Kabaka et Kasongo Lunda, à la porte de la capitale Kinshasa. Son espace vital est vaste et sous peuplé.
Ce peuple a pour origine le Grand Royaume « *Yaka* », un royaume de grands guerriers, qui fut un des mieux organisés et, surtout, résistants à la colonisation. Il était également résistant à ses voisins « Lunda » et « Kongo » et le pouvoir du chef était légitimé et respecté. En 1908, l'Administration coloniale essaya d'occuper le Kwango par la force, mais elle se buta à la résistance civile dont la manifestation principale était le refus de coopération avec les agents coloniaux.
Pour affaiblir ce royaume, le pouvoir colonial l'avait divisé en plusieurs secteurs autonomes, dirigés chacun par un chef. Il a mis en réclusion le chef puissant à Oschwe dans l'actuelle Province de Mai Ndombe.

En dépit de sa position géographique et de tous les atouts dont il bénéficie, les « *Bayaka* » sont parmi les plus pauvres du pays. Fuyant la pauvreté, ils ont une grande propension à l'émigration vers la Ville de Kinshasa où ils vivent généralement dans les bidonvilles, les quartiers les plus pauvres comme le « Camp LUKA ». A Kinshasa, après l'indépendance de la RD Congo, leur nombre était estimé à environ un quart de toute la population de cette ville. En raison de cette importance numérique, le poste de gouverneur de cette ville était confié à plus de quatre leaders « *Yaka* ».

Dans son étude anthropologique sur le peuple « *Yaka* », le Belge René Devisch décrit la misère de ce peuple en ces termes : « En milieu tant urbain que rural, ma participation « compassionnelle » gardait des réserves. Nonobstant l'a priori favorable que je décernais aux sujets et groupes qui m'accueillaient à Kinshasa et au Kwango, je me suis senti harcelé par les paradoxes de la modernisation initiée d'après les modèles de ma société d'origine. J'étais choqué de découvrir la misère inhumaine des « *Yaka* » dans les bidonvilles de Kinshasa, ou celle due aux épidémies dans le Kwango (malaria, dysenterie, kwashiorkor, varicelle), tout comme de voir le dur travail de nombre de femmes pour la survie de leur famille, qui tenaient de petits commerces pour payer les frais d'école des enfants »[19].

La misère de la Communauté « *Yaka* » tant à Kinshasa qu'au Kwango s'explique par certaines pesanteurs dont : (1) la colonisation et l'évangélisation ; (2) les stéréotypes sociaux; (3) la paresse, l'oisiveté et la passivité ; (4) le fatalisme et

---

[19] R. DEVISCH, « La rencontre anthropologique et ses ombres », dans *Anthropologie et Sociétés,* Volume 34, numéro 3, 2010, pp. 23-39

l'accommodation et (5) le manque de goût du risque et d'aventure.

Colonisation et évangélisation

Vers la fin du XIXème siècle, les Européens s'étaient largement intéressés au continent africain qu'ils explorèrent et en firent des colonies. Du 24 novembre 1884 au 26 février 1885, la Conférence de Berlin fixa les règles de jeu et les conditions de partage du continent. Ainsi fut né l'Etat Indépendant du Congo (EIC), propriété privée du Roi Léopold II, devenue, en 1908, une colonie belge.

Le partage du territoire africain n'avait pas tenu compte de la structuration sociale, ni politique des Africains. L'Etat Indépendant du Congo et même le Congo Belge avaient imposé leur structuration sociale et politique ainsi que leurs normes de gestion, souvent contraires aux normes anciennes, avec plusieurs conséquences dont la frustration de certaines parties prenantes.

A ce propos, l'historienne Alice Wani'iye écrit : « Par les décrets de l'époque léopoldienne en matière de l'administration des chefferies indigènes, les chefs de groupement autochtone étaient placés sous l'autorité de l'administration coloniale. Les lois coutumières qui étaient contraires aux lois coloniales furent purement et simplement supprimées. Par conséquent, les chefs ne devaient que conserver les lois qui étaient conformes à celles des Européens. Les chefs dont le pouvoir était absolu et suprême se virent obligés de reconnaître d'autres autorités étrangères à qui ils devaient soumission, obéissance, bref prêts à les servir dans leur administration. Pour les contenir davantage, les services de résidence furent créés en vue de placer les fonctionnaires coloniaux auprès des chefs pour assurer leur surveillance et obéissance. Les chefs, frustrés par cette violation de leur territoire, furent soumis, mais par contre d'autres opposèrent une résistance farouche à cette imposition arbitraire des Blancs».[20]

La responsabilité des colonisateurs européens sur la déshumanisation de l'homme noir a été dénoncée par plusieurs personnalités dont le Président du Zaïre (RDC) Mobutu Seko Seko. Du haut de la Tribune des Nations Unies, en 1973, il déclara : « Le processus de deshumanisation commence : le noir doit abandonner sa personnalité, ses structures mentales et sociales, en un mot, son authenticité. (...) Et pour perpétuer l'exploitation de l'homme noir par l'homme blanc, les colonisateurs se mirent à liquider systématiquement les traditions africaines, les langues africaines, la culture africaine. Bref, à abrutir complètement le noir de façon à ce qu'il ne parle, ne pense, ne mange, ne s'habille et ne respire que suivant le mode du Blanc ».[21]

Pour mieux réussir sa mission, briser certaines résistances et se faire accepter partout, la colonisation a utilisé l'évangélisation. Les premières églises qui se sont installées au pays sont les églises protestantes et l'Eglise catholique. Ces dernières avaient pour mission notamment d'apporter la religion chrétienne aux Congolais, de combattre les religions traditionnelles et de conduire des œuvres sociales pour améliorer les conditions de vie des autochtones. Hormis l'évangélisation, les églises s'occupaient également de la scolarisation et des soins médicaux modernes dans des dispensaires et hôpitaux.

L'implantation progressive des églises dans le pays ne s'était pas faite de manière équitable. Pour des raisons multiples dont l'accessibilité physique, l'acceptation facile par les autochtones,

---

[20] A. WANI'IYE, *L'impact de la Colonisation sur les Structures Politiques et Administratives du District de l'Ituri, 1912 – 1960* (Mémoire de Licence en Histoire inédit), Kinshasa, IPN, Département de l'Histoire, 1983, p 76 et 79.

[21]MOBUTU SEKE SEKO cité par C.N.RISS, Les plus beaux discours de l'histoire humaine, Kinshasa, COOPECCO, 2014, p.105.

les attitudes et les comportements des autochtones et des convenances propres à elles, les églises s'étaient implantées d'abord dans certaines contrées, puis, très tardivement, dans d'autres. Ainsi, certains peuples avaient plus bénéficié des services de la colonisation et de l'évangélisation dont la scolarisation, le changement des mentalités, le développement local et communautaire… que d'autres.

L'histoire de la Communauté « *Yaka* », est, quant à elle, empreinte de résistance exceptionnelle pour la préservation de son espace et sa culture face à l'exploitation occidentale. Ce peuple avait opposé une résistance farouche et pacifique face aux colonisateurs jusqu'à l'indépendance de la RD Congo en 1960. Pour Congodiaspora, « En guise de punition et craignant que le Kwango gène l'œuvre coloniale ou hâte la souveraineté du Congo, l'administration coloniale décida de mettre le Kwango en veilleuse; ce qui signifiait qu'aucun projet de développement ne pouvait y être entrepris »[22].

Ainsi, cette partie du pays a été abandonnée pendant longtemps dans le « sous-développement ». D'ailleurs, les premières écoles du niveau secondaire y ont été construites seulement après l'indépendance. Les colons et les églises s'étaient repliés dans le Kwilu et ailleurs où ils ont développé les écoles, les foyers sociaux, les formations médicales et d'autres ouvrages de promotion socio-économique.

Stéréotypes sociaux

De la colonisation à ce jour, les « *Bayaka* » souffrent des fantasmes traumatiques. Des stéréotypes sociaux de toutes sortes collent à leur identité, surtout à Kinshasa où finissent par

[22]CONGODIASPORA, Les Yaka, un peuple mal connu, http://congodiaspora.forumdediscussions.com/t3899-les-yaka-un-peuple-mal-connu. (consulté le 30 novembre 2015 à 13 heures).

rencontrer toutes les tribus du Congo. Facilement identifiables par leur taille, inférieure à la moyenne des Congolais, Ils sont qualifiés de vilains, déplaisants, vauriens, voleurs, incultes, badauds, paresseux, etc. Le mot « *yaka* » est devenu un qualificatif injurieux.

Dans la société, ils subissent des discriminations, des injures et, finalement, se renient eux-mêmes. Ils ont honte de se présenter comme tels et de prendre certaines initiatives. Un jour, nous avons suivi un homme en communication avec son voisin, s'écrier : « *Moi, je suis muyaka et je ne me cache pas* ».

Dans leurs repliement et reniement de leurs personnes, les « *Bayaka* » ne se manifestent pas, ne prennent pas d'initiatives et s'enfoncent au jour le jour dans leur extrême pauvreté. Ils forment le groupe le plus miséreux de la Ville de Kinshasa. Par leur affluence massive dans la capitale, ils accentuent le phénomène de pauvreté urbaine.

Paresse, oisiveté et passivité

La paresse est reconnue, partout dans le pays, comme l'un des déterminants majeurs de la pauvreté de la population congolaise. En effet, si la population congolaise est pauvre dans un environnement extrêmement riche, c'est parce qu'elle ne travaille pas suffisamment pour transformer les potentialités économiques en richesses, augmenter la production des biens et services, accroître son revenu monétaire et non monétaire et, ainsi, améliorer ses conditions de vie.

Homme politique et promoteur du développement communautaire, Julius Nyerere déclarait, à propos de la paresse et de l'oisiveté, que « Dans nos villages, des millions d'hommes sont inemployés. Dans nos villes, des milliers des femmes sont sous-employées. Les uns et les autres passent leurs précieux temps dans les commérages, la boisson et la danse. Par ailleurs, tout le monde désire le développement ; mais ce n'est pas tout le monde qui comprend et accepte les exigences fondamentales du développement, ce sont l'ardeur et l'intelligence ».[23]

Pour Edmond Nzita Binda, « La République Démocratique du Congo souffre d'abord de l'oisiveté physique et mentale de ses habitants. Cherchant à tout recevoir (le travail y compris) depuis la nuit des temps en passant par l'époque coloniale, ils ont étouffé en eux le sens de l'organisation et de l'initiative, la capacité d'entreprendre. (…) En milieu rural tout comme en milieu urbain, (…) on a plutôt assisté à l'accroissement de la paresse et de l'oisiveté dont l'existence et l'enracinement sont savamment forgés et confortés dans tous les esprits par une armée des philosophes certainement recrutés et utilisés par Satan lui-même ».[24]

Les « *Yaka* » sont connus à Kinshasa comme des grands paresseux, peuple qui n'arrive pas à travailler la terre ou à transformer les potentialités naturelles du Kwango pour sa survie et son enrichissement. Pourtant, ils occupent de vastes plateaux, presqu'inexploités. Ce sont finalement d'autres peuples qui quittent la Ville pour exploiter leur terre.

Par leur paresse, ils abandonnent le milieu rural, à la recherche de la facilité à Kinshasa ou des activités non agricoles. Ils viennent accroître la population urbaine sans réaliser leur rêve et vivent sans emplois et dans des conditions infrahumaines.

La plupart des « *Yaka* » n'ont pas poussé loin leurs études. Ils sont très rares dans l'administration publique et les grandes entreprises mais vivent essentiellement de la débrouille. Ils se

---

[23] J. NYERERE, cité par MUNGALA et RR'DDA, *Rôles de l'Université dans la lutte contre la pauvreté en République Démocratique du Congo* (Notes de séminaire de Questions Approfondies de Sociologie de l'Education), Université de Kinshasa, FPSE, 2005, p. 9.

[24] E. NZITA BINDA, *Entreprise individuelle en République Démocratique du Congo : la solution agricole*, Boma, Editions du Service Diocésain d'Impression, 2003 p. 20 et p. 74.

retrouvent dans les travaux domestiques et le petit commerce ambulatoire à travers la ville. Ils sont des cireurs de souliers, des « vernisseurs », des ramasseurs des ordures dans les parcelles, des transporteurs des marchandises, des laveurs de véhicules, etc.

Fatalisme et accommodation

Depuis l'époque coloniale, les « *Yaka* » vivent au Kwango et à Kinshasa dans la pauvreté. En dépit de l'évolution socio-économique du pays, leurs conditions d'existence n'ont presque pas changé. Ils sont conscients de leur position d'infériorité et tellement habitués à ces conditions de vie qu'ils ne fournissent pas beaucoup d'efforts pour un changement quelconque. Ils croient qu'ils sont condamnés par la Providence à être des sous hommes, toujours au service des autres.
Des peuples venant de très loin comme les « *Baluba* » et les « *Nande* » initient plusieurs activités économiques à Kinshasa et ailleurs, mènent une vie agréable et prennent de l'ascendance sur les premiers occupants. Par contre, les « *Bayaka* » font la même chose tous les jours : travailler comme domestique ; vendre à travers les différentes communes et avenues de Kinshasa, du pain, des arachides, du manioc frais, des cigarettes, etc. sans innover, ni progresser.

Manque de goût du risque et d'aventure

Depuis la nuit des temps, les « *Bayaka* » se retrouvent et vivent essentiellement dans les plateaux de Kwango et la Ville de Kinshasa. Contrairement à d'autres communautés, ils ne prennent jamais le goût du risque et d'aventure en allant chercher mieux dans d'autres contrées du pays ou du monde. Les rares qui ont pu quitter leur milieu d'origine sont des

fonctionnaires de l'Etat mutés dans d'autres provinces pendant la Deuxième République.
Cet enclavement d'esprit les condamne à vivre comme ils ont toujours vécu, sans d'autres expériences innovantes.

2.3. Communauté Mongo

L'ethnie « *Mongo* » est un groupe très important en nombre et vivant dans la cuvette centrale ou les actuelles provinces de l'Equateur et de la Tshuapa. A lui seul, ce groupe occupe 13 territoires administratifs et constitue une grande force politique, sociale, culturelle et économique.
L'espace de vie des « *Mongo* » est baigné par le Fleuve Congo, quelques rivières, les marécages, la grande forêt équatoriale humide, où il pleut toute l'année, et le climat y est chaud. La densité de la population est très faible et les espaces pour usage agricole et autres activités économiques sont illimités. Le peuple « Mongo » est généralement extraverti, ouvert à tous et très réceptif.
En dépit de tous ses atouts naturels, économiques, démographiques et psychosociologiques, le peuple « *Mongo* » vit dans l'extrême pauvreté. Les principaux déterminants de son sous-développement sont : (1) la paresse, l'oisiveté et la passivité ; (2) l'orgueil ; (3) la culture de la cueillette ; (4) le fatalisme et l'accommodation ; (5) le faible esprit d'initiative ou d'entreprise ; (6) l'agressivité et (7) l'inconscience.

Extraversion et réceptivité

Les « Mongo » sont un peuple grandement ouvert à tout le monde quelles que soient son origine ou sa race, réceptif même des inconnus et sincère envers tous. Pendant la colonisation, ils ont accueilli sans problème les colonisateurs, les missionnaires catholiques et protestants, les opérateurs économiques portugais, asiatiques et autres. La cohabitation avec les étrangers et autres peuples est toujours pacifique. Les « *Mongo* » encouragent leurs filles à se marier avec n'importe quelle personne, surtout si cette dernière peut apporter un plus pour leur survie.

Par leur extraversion et réceptivité, ils ont permis aux colonisateurs et missionnaires de beaucoup investir chez eux dans les secteurs scolaires, sanitaires, agricoles et autres. C'est ainsi que les « *Mongo* » se comptent parmi les peuples qui ont le plus étudié au pays grâce aux nombreuses infrastructures scolaires érigées sur leur territoire et à leur ouverture.

Les « *Mongo* » sont également un peuple franc avec des attitudes claires et des opinions sans équivoques. Ils disent non lorsqu'il faut dire non et oui lorsqu'il faut dire oui. Leur position par rapport quelque chose est clairement exprimée. Ils ne camouflent jamais leurs émotions ou sentiments de colère, de joie, de haine. Ils ne sont pas jaloux de la réussite ou de la promotion des autres et ne tirent pas les ficelles vers le bas pour les empêcher de monter.

Le tribalisme et le clanisme sont des freins au développement que les « Mongo » n'expérimentent pas. Ils vivent et travaillent avec les membres des autres tribus sans discrimination. A l'intérieur de leur groupe ethnique, il n'y a pas une distinction remarquée entre les clans ; par conséquent, les conflits intercommunautaires sont rares chez les « *Mongo* ».

L'extraversion et la réceptivité du peuple « *Mongo* » sont des atouts non négligeables de leur développement. Ces attitudes ou comportements sont contraires à ceux rencontrés chez plusieurs autres peuples de la RD Congo dont les « *Ngbaka* » et les « *Ngbandi* », au Nord de l'Equateur, les « *Kongo* », les « *Luba* », les « *Nande* », les « Zande », les « *Tetela* », etc.

Paresse, oisiveté et passivité

Le Peuple « *Mongo* » se caractérise par sa répugnance au le travail manuel, qu'il méprise d'ailleurs. Depuis l'époque coloniale, il s'est plutôt spécialisé dans le travail de bureau. Dans la Ville de Mbandaka, chef-lieu de la Province de l'Equateur, l'on estime à plus de 75 % les fonctionnaires et agents de l'Etat d'origine « *mongo* » contre 25 % d'autres tribus de l'ancienne province de l'Equateur et d'autres provinces de la RDCongo.

Groupe ethnique majoritaire, occupant 13 territoires sur les 24 que compte la grande Province de l'Equateur, il est estimé à plus de quatre millions d'habitants et peut se compter parmi les plus pauvres non seulement de l'équateur, mais aussi de tout le pays. Nous savons, en effet, qu'en RDC, l'administration publique ne procure pas un revenu suffisant pour vivre au-dessus du seuil de la pauvreté. En outre, ceux qui vivent dans le monde rural et par le travail agricole ou la pêche n'arrivent pas à produire assez pour leur propre subsistance et moins encore pour l'augmentation des revenus monétaires et non monétaires. Les femmes s'occupent seules des travaux champêtres, tandis que les hommes vivent dans la passivité et l'oisiveté autant qu'ils travaillent très peu. Les grands pêcheurs, qui produisent des poissons dans la Ville de Mbandaka et tout le long du Fleuve Congo et de ses affluents, sont plutôt des professionnels de la pêche venus de la Province de la Tshopo, essentiellement les « *Lokele* » et les « *Wagenia* ».

Pour sa survie, le peuple « *Mongo* » s'adonne aux activités politiques et développe certains comportements, non recommandables, comme la prostitution et le vol, devenus des valeurs dont la socialisation commence dès le jeune âge.

La jeune fille est initiée à l'utilisation de son sexe pour la production des moyens de subsistance. Le lit conjugal peut être cédé temporairement à une fille qui s'amène avec un homme.

Une femme mariée peut commettre l'adultère pourvue qu'elle en ramène le fruit pour les autres membres de la famille. Elle n'en est nullement condamnée ni par son conjoint et moins encore par sa famille. Ce libertinage sexuel conduit les filles à avoir des enfants souvent à partir de l'âge de treize, quatorze ans et à augmenter les charges des ménages et partant l'incidence de la pauvreté. Aussi, l'instabilité dans les foyers a des conséquences sur l'éducation des enfants.
Les hommes, quant à eux, apprennent à voler et sont valorisés par rapport à leur performance. Ce comportement est manifesté tant en famille qu'en milieux professionnels. Face aux abus répétés, la colonisation aurait pris un décret interdisant l'attribution des fonctions de gestionnaire des finances aux « *Mongo* et *Anamongo* ».

Orgueil

Les « *Mongo* » sont un peuple orgueilleux. Le nom « mongo » signifie excellence. Le peuple « Mongo » est donc un peuple excellent, un peuple meilleur, un peuple au-dessus d'autres peuples voisins. Cette dénotation a fasciné les membres de cette ethnie durant des décennies, lesquels continuent de vivre dans l'orgueil.
Dans ce sentiment de noblesse, les « *Mongo* » ne s'adonnent pas à l'agriculture, qu'ils considèrent comme activité vile bonne pour les « *Batwa* », les « *Ngwaka* » et autres peuples. Ils ne s'occupent pas non plus des métiers manuels et des travaux domestiques. Si ce peuple pratique l'agriculture, même à petite échelle, c'est à la suite de la pauvreté accrue à laquelle il est soumis.
Pour le Peuple « *Mongo* », l'orgueil est le déterminant d'autres déterminants dont la paresse, l'oisiveté et la passivité ; le manque de dynamisme ou d'esprit d'initiative et de créativité ; l'attentisme et l'accommodation.

Culture de la cueillette

Les « *Mongo* » vivent en pleine cuvette centrale, baignée dans l'eau du Fleuve Congo, les rivières, les marécages, tous avec de grandes variétés de produits halieutiques. La forêt leur offre des facilités en matière de bois pour la construction et la chauffe, des animaux de toutes espèces, des oiseaux, des insectes, des champignons, etc. Leur sol est suffisamment riche et offre beaucoup de facilités pour l'agriculture.

Pendant des années, cette population avait tout à sa portée pour sa survie quotidienne. Elle se contentait des potentialités de son environnement. Chaque jour, les « *Mongo* » entraient dans la forêt et revenaient avec des chenilles, des champignons, du gibier, des poissons, des oiseaux, des fruits, des légumes et du bois pour les besoins quotidiens de leurs familles. Ils pêchaient, tuaient, récoltaient, cueillaient, mangeaient et vivaient au jour le jour sans avoir élevé, semé ou planté. Certaines semences jetées au sol poussaient, grandissaient et produisaient des fruits sans travail de sarclage, d'entretien ou un effort quelconque.

Au fil du temps, ces facilités se sont fortement réduites et tendent aujourd'hui à disparaître. Le passage de la culture de la cueillette à la culture du travail productif n'a pas suivi chez les « *Mongo* ».

Cette culture de la cueillette est l'une des racines profondes de la pauvreté chez ce peuple et des causes sous-jacentes de la pauvreté dont : i) la paresse, l'oisiveté et la passivité ; ii) le parasitisme familial ; iii) le manque d'esprit d'initiative et iv) le manque d'esprit associatif.

Fatalisme et accommodation

Avant, pendant et après la colonisation, le Peuple « *Mongo* » a vécu dans la pauvreté. De génération en génération, les enfants naissent, grandissent, vieillissent et meurent dans la misère. Ils s'y sont accommodés et ces conditions de vie sont devenues comme normales. En conséquence, les « *Mongo* » ne fournissent pas d'efforts pour apporter des changements notables à leur manière de travailler, manger, se loger, se divertir, s'habiller, etc. C'est ainsi que la Ville de Mbandaka, chef-lieu de la Province de l'Equateur, habitée essentiellement par les « Mongo », ne change pas de physionomie. Elle garde les infrastructures et les systèmes légués par la colonisation. A toute critique ou proposition, l'on répond « *Mbandaka c'est Mbandaka* !», sous-entendu « *ne nous dérangez pas, personne n'acceptera, rien ne changera* ! ».

Ainsi, de nouvelles initiatives ou entreprises en dehors de leur mode de vie sont difficilement acceptées. Ainsi, cette population pauvre continue à croupir dans la pauvreté parce qu'habituée à cette condition de vie.

Faible esprit d'initiative ou d'entreprise

L'esprit d'initiative ou d'entreprise est très faible dans les contrées des « *Mongo* ». Pour la survie dans les milieux urbains ou ruraux, les populations vivent essentiellement des activités agricoles, de la pêche, de la cueillette et, surtout, du petit commerce des produits manufacturés, venus de Kinshasa.

En dehors de ces activités routinières, les « *Mongo* » ne prennent presque pas de nouvelles initiatives. Les unités de production ou de transformation sont absentes dans leur environnement. Les magasins sont tenus par les expatriés, même à l'intérieur de la province. Les « *Nande* », un peuple du Nord- Kivu, pénètrent petit à petit cet environnement avec de nouvelles entreprises de développement, sans être imités par les autochtones.

Dans les périphéries de la Ville de Mbandaka, l'on peut facilement observer quelques troupeaux de gros bétail, des étangs piscicoles bien aménagés, des concessions, etc. La plupart de ces entreprises appartiennent soit aux confessions religieuses, soit aux personnes non originaires de la contrée des « *Mongo* ».

Brutalité

Les « *Mongo* » sont brutaux dans leurs comportements, crient et toujours prêts à se chamailler, se quereller, se bagarrer et injurier, souvent sans cause manifeste. Ils ont un sang « chaud » comme les humoristes ou caricaturistes kinois aiment les qualifier. Pour ces humoristes et caricaturistes, Dieu les a créés vers 12 heures, alors qu'il faisait très chaud et les a placés également dans un climat très chaud.
Par leur brutalité, les « *Mongo* » ne savent pas vivre en harmonie entre eux ou avec leurs voisins. La gouvernance politique et économique de l'ancienne Province de l'Equateur a plusieurs fois souffert de ce comportement entre 2007 et 2015. Des conflits, des injures, des bagarres entre les membres de l'Assemblée provinciale avaient conduit le Gouvernement central à fermer cette institution pendant d'une longue durée, fermeture avec conséquences sur la gestion et le développement de toute la province.
Pendant cette fermeture, quelques projets de développement de la Province ont été ajournés et plus jamais exécutés. L'on peut retenir le Forum Economique pour le Développement de la Province de l'Equateur, préparé par le Programme des Nations Unies pour le Développement (PNUD) pendant près d'une année mais abandonné à cause du comportement brutal des députés provinciaux, parties prenantes à cette activité de développement. Le financement du projet fut orienté vers un projet semblable mais pour une autre province de la RD Congo.

Inconscience

L'inconscience est l'opposé de la conscience, comprise avec **A. Lalande** comme « un ensemble de faits psychologiques appartenant à l'individu ou à un ensemble d'individus, en tant qu'ils ont un caractère commun »[25]. Le concept de conscience collective représente la spécificité, la transcendance et le symbolisme de la société par rapport aux individus qui la composent. Pour **Emile Durkheim**, « Ce concept indique l'ensemble des croyances et sentiments communs à la moyenne des membres d'une même société ».[26]

L'inconscience est un mal, devenu culturel, chez les Congolais et qui constitue une entrave au développement tant national que local. Elle est l'une des principales préoccupations de l'élite congolaise dévouée au développement du pays.

A ce propos **Modeste Mutinga[27]**, homme politique et technocrate, a écrit le livre intitulé« *RD Congo, la République des inconscients* ».L'auteur exprime sa déception face au comportement irresponsable de bon nombre de décideurs congolais face aux défis majeurs qui se posent au pays depuis son accession à l'indépendance. Il énonce ce paradoxe qui veut qu'avec tous ses atouts, la RDC soit « placée à la première loge des pays pauvres très endettés » mais qu'au même moment, ceux qui ont pris part au pillage éhonté et systématique du pays à la suite de deux dernières guerres, étalent des richesses immobilières à Kinshasa comme en provinces sans qu'aucun service du fisc ne les inquiète.

Il dénonce l'inconscience de la classe politique congolaise et des experts commis à certaines études ou négociations, tous complices du désarroi économique qui empêche le pays de démarrer. Par inconscience et par impéritie, la RD Congo a raté

---

[25] A. LALANDE, cité par C. MWABILA, « La conscience sociale en RD Congo », dans *Congo-Afrique*, n° 464, avril 2012, p. 247.

[26] E. DURKHEIM, cité par C. MWABILA, *Ibidem*, p. 247.

[27] M. MUTINGA, RD Congo, *La République des inconscients*, Kinshasa, le Potentiel, 2010.

tous les rendez-vous avec l'histoire, même lorsqu'on offrait la révolution clés en mains. Malheureusement, le décideur congolais ne donne pas l'impression de s'en émouvoir outre mesure.

Si l'inconscience est un mal culturel des Congolais, cette pesanteur semble davantage caractéristique de certaines communautés dont les « *Mongo* ». En effet, les « *Mongo* » sont inconscients face aux actes qu'ils peuvent poser et ne se reprochent de rien. Celui qui a détruit, volé, détourné, commis l'adultère, injurié, ... continue de vivre dans la société sans un sentiment de remords. Lors de la soutenance d'une thèse de doctorat à l'Université de Kinshasa, un professeur « *Mongo* », membre de jury, a humilié ses collèges en ces termes : « *...bango nyonso bayebi eloko te, ngai nde nayebi !...* », entendez tous sont des ignorants sauf moi. Après quelques minutes d'altercation, la séance s'est poursuivie sans que ce professeur ne demande un petit pardon aux autorités académiques.

La conscience des « *mongo* » pour les intérêts communautaires, les biens publics et même leurs propres conditions de vie est très faible. Vivant dans la pauvreté mais paradoxalement au milieu d'une grande abondance naturelle, ils ne songent pas à quitter cette situation négative pour aspirer à un état meilleur.

La grande Province de l'Equateur était gérée dans une inconscience indescriptible et toujours classée à la queue des autres provinces quant à l'incidence de la pauvreté. La mal gouvernance politique, administrative et économique de la province et de ses entités décentralisées n'est pas un souci majeur pour la population.

Le rapport de la revue de la mise en œuvre du Plan Quinquennal de Croissance et d'Emploi pour la période de 2011 -2015 a révélé que les projets réalisés dans la grande Province de l'Equateur sont ceux appuyés par le Gouvernement central et les Partenaires techniques et financiers. Rien de concret n'a été fait sur le budget d'investissement de la province ou sur les fonds de rétrocession. Cette carence est un non-événement pour les gouvernants, les acteurs politiques et même la population. Pourtant, dans d'autres provinces, les exécutifs ont réhabilité les voiries urbaines, réhabilité les bâtiments, construit des écoles et des formations médicales, etc. et allégé la misère de la population.

La Ville de Mbandaka, habitée majoritairement par les « *Mongo* », est celle qui a le plus régressé dans l'histoire du pays. Le patrimoine de l'Etat est dans un état de désuétude très avancé. Personne n'y prend soins même s'il est affecté pour son usage personnel.

Plusieurs cas d'inconscience sont éloquents mais un exemple retient notre attention. Dans le quartier Météo, un fonctionnaire de l'Etat occupe une maison depuis l'indépendance en 1960. Après plus de cinquante ans d'occupation, la maison est considérée comme privée. Retraité, il a cédé la maison à son fils, également fonctionnaire de l'Etat. N'ayant subi aucune réhabilitation, la maison est fortement dégradée et visiblement inhabitable. Après la pluie, l'accès y est difficile faute de terrassement pour l'évacuation des eaux. La maison peut s'écrouler dans quelques années mais cela ne préoccupe occupant inconscient, ni ses enfants, ni ses petits-enfants. A la proposition de la réalisation de quelques petits travaux de réfection, le fonctionnaire répond qu'il n'a pas de moyens ; alors qu'il est souvent consultant dans des organisations internationales. La grande parcelle d'environ soixante-dix mètres sur cinquante a été morcelée et vendue à plusieurs preneurs et personne ne donne l'impression de s'en émouvoir outre mesure.

Généralement, les « *Mongo* » prennent tout à la légère, il n'y a rien de grave pour eux et ne fournissent pas d'effort pour changer leur conduite dans la société. Chez eux, les antivaleurs semblent devenir des valeurs et vice-versa. L'éthique qui devrait promouvoir un comportement moral dépouillé des antivaleurs est très faible. Elle est doublée de la mal gouvernance. **Koffi Annan**, ancien Secrétaire général des Nations Unies, ne déclarait-il pas avec raison que « la bonne gouvernance est certainement le facteur le plus important pour l'éradication de la pauvreté et la promotion du développement ?».[28]

Comme d'autres auteurs l'ont dénoncée, l'inconscience est un frein au développement de la RDC et spécialement de la Communauté « *Mongo* ». Les autres communautés du Nord dont les « *Ngbaka* », les « *Ngombe* », les « *Budja* », les « *Ngbandi* », etc. sont conscientes de leur existence précaire et de leur responsabilité pour sortir de la pauvreté. Depuis le découpage territorial en 2015, leurs nouvelles provinces ont pris un bon élan, s'assument dans leur gestion avec la participation de tous et deviennent plus attrayantes que les deux provinces du sud habitées par les « *Mongo* ».

2.4. Communauté Ngbaka

La communauté Ngbaka occupe le Nord- Ouest de la République Démocratique du Congo et le Sud de la République Centrafricaine. En RD Congo, les Ngbaka habitent la Province du Sud Ubangi et en grande partie dans le Territoire de Gemena où l'administration coloniale les avait rassemblés, entre 1920 et 1924, dans un espace d'environ 30.000 Km^2. Ils occupent également quelques groupements dans les territoires de Kungu, Libenge et Budjala ainsi que de Bosobolo et Businga dans le Nord Ubangi. Les historiens considèrent que les Ngbaka émigrèrent de la République Centrafricaine, entre 1820 et 1840 ([29]).

Au milieu des années 2000, on estimait leur nombre à un million d'individus. Ils sont majoritaires et représentent environ

---

[28] KOFFI ANNAN, cité par C. MULUMA, « Ethique, gouvernance et nationalisme. Défis pour un développement intégral de la RDC », dans *Congo-Afrique n° 477*, juillet- août 2013, pp. 463-475.

[29] RDC, SUD UBANGI. Bassins d'eau et espace agricole ; Bruxelles, Edition SAMSA, 2013, p.80.

80 % de la population de la Province du Sud Ubangi, partagée avec d'autres communautés dont Ngbandi, Ngombe, Banda, Libinza, Bomboma, Monzombo, Mwe, Lobala et Pygmées.
Les Ngbaka sont un peuple de taille relativement modeste mais très fort physiquement, très résistant, persévérant, agressif et de forte personnalité. Ils sont des guerriers de longue tradition, des agriculteurs assidus, des éleveurs et des chasseurs
Les conditions de vie des Ngbaka sont encore précaires mais leur avenir semble prometteur. Leur pauvreté est très visible à travers les logements dans des cases circulaires du type traditionnel.

(Cases rondes des Ngbaka)

Les Ngbaka réunissent certains atouts pour leur développement, longtemps freiné par plusieurs pesanteurs. Les facteurs favorables à la promotion socioéconomique de cette communauté sont : 1) le travail et l'assiduité ;

2) l'hospitalité ; 3) la solidarité ; 4) la franchise et la sincérité et 5) la formation de la personnalité. Cependant, ces atouts sont parfois étouffés par plusieurs pesanteurs dont : 1) l'agressivité ; 2) la colonisation et l'évangélisation ; 3) la tradition, les us et coutumes ;
4) la résistance au changement ; 5) la sorcellerie, la jalousie et le fétichisme.

Travail et assiduité

Le travail est un des principaux facteurs du développement de l'homme, de la communauté et de toute la nation. Les nations développées dans le monde sont celles qui ont valorisé le travail manuel et intellectuel. Entre 2010 et 2012, nous avons conduit une investigation dans les onze anciennes provinces du pays, sur les déterminants psychosociologiques de la pauvreté en RD Congo. Le premier facteur de la pauvreté reconnu par les Congolais reste la paresse, l'oisiveté et la passivité.
La plupart des communautés congolaises ne travaillent pas suffisamment pour améliorer leurs conditions d'existence. Les Ngbaka font exception et constituent une société sans paresseux et sans oisifs ! Père **Marcel Henry** ([30]), missionnaire catholique ayant vécu longtemps dans le milieu, a identifié, analysé et interprété 625 proverbes ngbaka, parmi lesquels environ cent exaltent le travail et l'endurance, exhortent et encouragent les paresseux à travailler. A titre purement indicatif, six proverbes repris ci-dessous en sont éloquents :
« *La vipère meurt à cause de sa lenteur* » = La paresse fait souffrir un paresseux.

---

[30] M. HENRY, Les proverbes Ngbaka, Kinshasa, Edition CEIM Limete, 1975.

«Rester toujours au même endroit ne met pas une civette boucanée sur l'épaule ». = Qui ne travaille pas, qui ne peine pas, n'obtiendra rien non plus.

« Si tes jambes ne se touchent pas (en les bougeant), ta bouche ne bougera pas non plus ».

« L'antilope qui gravit une colline ne cache pas son cul » = Si on est dans le besoin, il faut travailler sans avoir honte. Si on veut faire un travail, on ne peut pas se laisser détourner par les critiques des gens.

« Les bras d'un homme sont comme les ailes des termites, elles pourrissent au tronc des arbres » = On ne peut pas se lasser de son travail, même s'il ne rapporte rien pour le moment, un jour on en cueillera les fruits.

« Si tu traînes à brûler un domaine de chasse, tu brûleras les excréments de l'éléphant » = Si tu diffères toujours ton travail, tu ne pourras plus l'achever et tu auras travaillé pour rien.

En effet, toutes les ethnies en Afrique et en RD Congo ont des proverbes pour corriger, exhorter et donner des lignes de conduite. Les Ngbaka le font aussi mais mettent plus en relief le travail que les autres dimensions de la vie.
Comme remarqué ci-haut, les Ngbaka ont une grande force physique, une grande force de travail et une forte personnalité. Ils sont reconnus par tous comme un peuple travailleur et très assidu dans le labeur. Tout sujet Ngbaka travaille au champ. Homme, femme, jeune, enfant, politicien, médecin, juriste, professeur, ingénieur prend sa machette et travaille au champ avec amour. Au village comme dans le milieu extra coutumier, les Ngbaka se réveillent au plus tard à quatre du matin, sortent de leurs maisons et se préparent pour le travail manuel. Dans les champs, ils travaillent avant et après-midi, souvent sans manger et sans repos. Pour y parvenir, ils consomment des produits

traditionnels (racines et écorces de certaines plantes) qui leur donnent une force et une résistance exceptionnelles.

Les enfants sont initiés très tôt dans cette activité qu'ils pratiquent tout au long de leur existence. Ils sont formés à l'obéissance, à l'endurance et à l'assiduité au travail. Dans chaque famille, il y a évaluation, le soir, de l'exécution des tâches journalières de chaque enfant, sanctionnée positivement ou négativement par des fouets le lendemain matin vers quatre heures.

Les Ngbaka pratiquent également l'élevage de petit bétail, essentiellement les chèvres, les porcins et la volaille. Depuis environs dix ans, ils s'exercent à l'élevage du gros bétail.

La qualité de travail des Ngbaka est attestée par **Père Vedast Maes** en ces termes : « Comme agriculteurs, les Ngbaka se distinguent des Ngbandi qui étaient un peuple de chasseurs, pratiquant la grande chasse en groupe avec des filets. Leurs petits champs, surtout de bananiers et de manioc, n'ont jamais d'étendue des champs des Ngbaka »[31]

Leur force de travail avait été abondamment utilisée par les opérateurs économiques de l'époque coloniale comme l'affirment **Jean Omasombo** et consorts : « En dehors de cette région, de nombreuses personnes d'origine Ngbaka se sont répandus dans d'autres centres urbains ou les camps des grandes plantations industrielles, si pas plus loin, comme RCA »[32]. Ils sont également nombreux dans l'armée où l'adaptation est facile de par leur nature de guerrier.

En effet, le travail des Ngbaka porte déjà des fruits sur le plan du développement social, économique et politique. La Ville de Gemena, leur principale agglomération, est devenue plus attrayante. La population a un revenu que l'on ne retrouve pas

[31] V. MAES, Les Ngbaka du centre de l'Ubangi, Gemena, Pères O.F.M. Capucins, 1975, p. 51.

[32] RDC, *Op. cit.* p. 79.

dans les autres provinces du grand Equateur. Les opérateurs économiques Nande, Indiens, Libanais, Chinois et Ouest africains affluent dans la province et installent des unités de production et de commerce. Le déploiement des activités de la décentralisation et des services centraux privilégie cette province où il y a le dynamisme et les capacités d'accueil et d'appropriation.

Hospitalité

Le peuple Ngbaka est hospitalier et peut accueillir, loger et donner à manger à toute personne sans tenir compte de son origine ethnique. Tout visiteur qui arrive au village est le bienvenu et est traité avec beaucoup de dignité.
Les étrangers peuvent s'installer dans leurs villages, construire des logements, cultiver des champs, épouser leurs filles et vivre paisiblement avec eux. Plusieurs fonctionnaires de l'Etat affectés dans leurs espaces de vie pendant la deuxième République, dans les années 1970 et 1980, se sont installés parmi eux et mènent le reste de leur vie avec eux et selon leurs valeurs et normes sociales. Les « *baluba* », les « *bakongo* », les « *batetela* » et autres ont acquis des portions de terre dans les villages Ngbaka où ils vivent en harmonie avec les autochtones. Cependant, les Ngbaka ne tolèrent jamais que leurs intérêts économiques et politiques soient mis en jeu ou en danger. Ils n'acceptent jamais des injures et des humiliations. Dans le cas contraire, ils agressent, tuent, incendient les maisons et chassent sans pitié. Dans les années 1980, ils ont chassé brutalement un Commissaire de district « *tetela* », pourtant bien apprécié par le Président Mobutu. Plus récemment, ils ont expulsé de leur terroir un Procureur de la République et un Commissaire de district pour mauvais comportement.

Solidarité

Les Ngbaka sont très solidaires entre eux. Ils ne peuvent jamais trahir leurs frères ou leur communauté. En situation de malheur, de difficulté ou de bonheur, ils s'entraident facilement et c'est une obligation sociale, intériorisée par tous.
Dans les villages, ils organisent des travaux en groupes dans les champs autour de la boisson ou des repas. Cette solidarité leur permet d'accroître la production agricole et d'augmenter les revenus des ménages, en même temps qu'elle consolide les liens entre les membres de la communauté.
Dans les milieux estudiantins et partout où ils peuvent se retrouver, les Ngbaka mettent en place des mutuelles pour des assistances entre les membres. Par leur solidarité, ils sont arrivés à élever le niveau intellectuel de beaucoup des sujets et de réduire leur retard dans les études et dans le monde du travail.

La solidarité des Ngbaka est traditionnelle et socialisable. Les membres de la communauté reçoivent cette éducation dès leur enfance comme l'a écrit Père **Vedast Maes** : « Dès leur enfance, frères et sœurs doivent partager tout ce qu'ils reçoivent. Cet esprit de famille grandit avec eux. Les repas se prennent ensemble, mais hommes avec hommes, femmes avec femmes ; ordinairement on y invite les voisins ou les amis. Celui qui mange seul est regardé comme un avare. Les femmes et les filles, qui reviennent de la source, la cruche à la tête, ne refusent jamais de laisser boire tout passant qui le demande, aussi les étrangers »[33].
L'esprit de solidarité des Ngbaka est un atout important pour le développement communautaire. Il peut être utilement exploité pour la mobilisation de tous autour des projets de

[33] V. MAES, *Op. cit.* p. 65.

développement et pour la prise en charge des personnes vulnérables.

Franchise et sincérité

Les Ngbaka sont un peuple franc et sincère, disant la vérité sur ce qu'il pense ou voudrait faire. Ils ne sont pas hypocrites et expriment clairement leur position ou attitude. Ils disent oui quand il s'agit de oui et non quand il faut dire non. Ils sont directs et n'aiment pas les détours dans leurs interventions. Cet esprit de sincérité est confirmé par Père **Vedast Maes** dans son écrit : « Ce qui plaît à Dieu dans la mentalité de beaucoup de vieux Ngbaka était l'estime qu'ils ont pour la justice et la vérité. (...) Si les Ngbaka sont intelligents, et cela, ils le prouvent par leurs traditions, leurs dictons ou par la sagesse des vieux- on peut dire qu'ils ont un esprit sain et sincère »[34].

L'administration belge n'avait jamais toléré le comportement et l'attitude des Ngbaka, qui ne se laissaient par manipulés ou utilisés contre leur conviction. Ils refusaient d'être utilisés contre leurs propres frères ou contre les autres communautés. C'est pourquoi, les colons belges s'étaient tournés vers les Ngbandi et les Ngombe qu'ils avaient armés pour les combattre et les soumettre par force.

Ils leur ont imposé certaines sanctions dont la privation des écoles du niveau secondaire et technique qu'ils ont plutôt créées dans d'autres milieux, spécialement à Mbandaka, Lisala et Kotakoli.

Formation de la personnalité ngbaka

Les Ngbaka sont un peuple célèbre, fort physiquement, en durant, persévérant, agressif et d'une très forte personnalité. Ils

---

[34] V. MAES, *Op. cit.* pp. 76 et 79.

ont reçu et continuent à recevoir une initiation solide, durable et très pratique qui forme leur physique et leur personnalité. Ils acquièrent un savoir, un savoir-faire et un savoir- être, propres à leurs us et coutumes.

Les garçons de 8 à 25 ans sont formés à la vie adulte, par tranche d'âge, dans une initiation appelée « *gazà* », organisée une fois l'an, dans un grand hangar ouvert mais isolé du village par un enclos. La formation qui durait toute une année avait été réduite à huit mois et à deux mois, sur instruction du Président Mobutu pour raison de scolarisation des enfants.
La formation de la personnalité ngbaka porte sur plusieurs dimensions de la vie dont les plus importantes sont :

- l'autodéfense : les enfants et les jeunes apprennent le maniement des armes (couteau, machette, flèche, etc.) et l'utilisation des boucliers pour l'autodéfense et la défense ;
- la gestion du foyer : ils sont instruits sur la manière de vivre avec une femme et de gérer son foyer ;
- la dimension socioculturelle : la formation porte sur les valeurs et les normes communautaires dont l'hospitalité qui caractérise les Ngbaka. Ils apprennent également la communication verbale et surtout non verbale (regard, geste, posture de corps, etc.) ainsi que l'utilisation des plantes médicinales pour les soins médicaux et surtout pour l'endurance ;
- l'artisanat : les jeunes gens sont initiés à la fabrication des meubles (lits, chaises, tables, etc.) en liane ;
- l'agriculture, l'élevage, la pêche et la chasse : par ceux-ci, les jeunes apprennent les méthodes et les techniques pour les activités économiques devant assurer leur survie ;

- la circoncision : pendant leur séjour de formation, ils sont circoncis et soignés traditionnellement jusqu'à la cicatrisation complète.

La méthodologie d'initiation est guidée par la praxis. Les explications sont suivies des pratiques jusqu'à la maîtrise jugée satisfaisante. Pendant l'isolement, ils sont soumis à des épreuves de durs travaux, d'endurance, d'assiduité, de faim et d'autres malfaisances entraînant parfois la mort et qui endurcissent leur personnalité et les rendent agressifs et combatifs.

L'initiation des jeunes est décrite par Père **Vedast Maes** comme suit : « Pour les garçons, le *« gazà »* était alors une vraie initiation à la vie dure de l'âge adulte. Après la circoncision, les jeunes gens menaient une vie séparée pendant plusieurs mois, ils apprenaient les métiers et le maniement des armes. Ils étaient soumis à des épreuves de vie dure et d'interdits. C'était l'école primitive où les anciens étaient les maîtres »[35].
Les jeunes filles Ngbaka sont également initiées à la vie adulte dans un isolement total pendant six mois, le temps nécessaire pour la cicatrisation de du clitoris excisé ; une pratique interdite dans les années 1980 et en voie de disparition.

Agressivité

Les Ngbaka sont agressifs de par leur nature, leur éducation et leur socialisation. Plusieurs auteurs décrivent différemment leur comportement. Pour **Burssens,** cité par Jean Omasombo et consorts : « Repliés sur eux-mêmes, les Ngbaka constituent une

---

[35] V. MAES, *Op. cit.* p. 67.

population aux mœurs austères »[36]. **Samarin**, quant à lui, écrit que « Les Ngbaka constituent un amalgame de populations dénoncées pour leur cannibalisme féroce, les hyènes de l'humanité, selon la formule de l'évêque Prosper Augouard »[37]. Pour Père **Vedast Maes**, « Les Ngbaka de l'Est ont la mauvaise réputation de ne jamais se battre sans couteau à la main ; mais chez tous subsiste l'instinct de la défense. Si pendant une rixe, des travailleurs se voient menacés, tout de suite tous les bois qui se trouvent sous la main sont ramassés, et avec quelques coups de machette les bouts sont aiguisés en pointes de lance, et les voilà prêts à l'attaque »[38].

Par la formation et la socialisation, les enfants Ngbaka deviennent agressifs et austères très tôt. Ils apprennent dans les écoles primitives à combattre les ennemis et à se défendre contre toute attaque. Cette initiation détermine leur comportement tout au long de leur existence. D'ailleurs, tout Ngbaka averti ne peut se départir de son arme d'autodéfense, partout où il se trouve et quel que soit son rang social ou professionnel. Il détient la machette à la main ou le couteau dans son sac et dans son bureau de travail. Dans tout déplacement en famille, l'homme reste derrière pour surveiller la femme et les enfants. C'est donc une obligation sociale et la négligence est sanctionnée par un coup de machette dans une partie du corps, infligée par la personne qui la constate. Le soir, autour du feu, chacun a sa machette à côté. La nuit, la machette est à la portée de l'homme. Le matin, elle est à la main et tout au long de la journée.

Il y a quelques années, hormis le paludisme, les cas les plus fréquents dans les formations médicales étaient les blessures

---

[36] BRUSSENS, *Op. cit.* p. 79.
[37] SAMARIN, *Op ; cit.* p. 82.
[38] V. MAES, *Op. cit.* p. 96.

qu'ils ont, par ailleurs, l'habitude de soigner eux-mêmes en très peu de temps par des plantes médicinales.
Dans leur comportement agressif, les villages sont organisés pour répondre aux agressions et à toute autre forme de provocation par d'autres villages, en utilisant essentiellement les machettes, les couteaux et les flèches.
Dans leur organisation, ils attaquent généralement la nuit, entre deux heures et quatre heures du matin, alors que les villages sont encore endormis. Ils tuent les personnes et incendient les maisons ; puis se replient dans leur village. Les agressions récentes et spectaculaires ont été dirigées, en 2013, contre les villages Ngbandi dans les territoires de Budjala et de Kungu.
Le conflit foncier, le conflit de contrôle du pouvoir coutumier et le conflit sur les femmes sont à l'origine de l'agressivité des Ngbaka. En 2013, l'on a identifié 34 foyers de conflit foncier et 38 foyers de conflit du pouvoir coutumier dans le Sud-Ubangi[39].
S'agissant du conflit foncier, les espaces de vie des Ngbaka sont surpeuplés et les terres arables sont devenues rares et chères. Le Territoire de Gemena est peuplé de plus d'un million et cinq cent mille d'habitants avec une densité de plus de 90 habitants au Km², la plus forte de la Province du Sud Ubangi et même de l'ancienne Province de l'Equateur. Il compte parmi les plus peuplés du pays à côté des territoires de Mahagi, Djugu, Beni, Lubero, Masisi et Idiofa.
Enfin, par leur agressivité, les Ngbaka tuent, détruisent, créent l'insécurité et limitent l'élan de développement dans leurs entités administratives et chez les peuples voisins, en même temps, ils consacrent plus d'énergie pour la gestion du conflit que pour les actions de développement communautaire.

Colonisation et évangélisation

---

[39]Rapport de l'analyse des risques liés aux conflits locaux non-armés de la Province, Mbandaka, 2013

Les colons belges ainsi que les missionnaires catholiques et protestants qui les ont accompagnés, n'ont pas investi dans le Territoire de Gemena, à l'instar des autres entités, à cause de la résistance et du comportement agressif du peuple Ngbaka. On constate, plus de cinquante ans après l'indépendance que les écoles, les formations médicales et les centres de promotion sociale sont assez rares chez les Ngbaka alors que les autres peuples en bénéficient depuis l'époque coloniale.

Les missionnaires catholiques ont érigé les diocèses à Budjala, Lisala et Molegbe en dehors des espaces des Ngbaka. Ils ont également construit les grandes écoles à Mbandaka et à Lisala chez les peuples qui les avaient accueillis facilement. Les pères Capucins ont construit un seul hôpital à Bwamanda tandis que le pouvoir public, l'hôpital de référence de Gemena. C'est seulement à la veille de l'indépendance que les premières actions de promotion sociale ont été réalisées chez les Ngbaka. Les écoles se sont développées dans les années 1970 et c'est en ce moment que les autochtones pouvaient accéder localement au système éducatif. Les premiers intellectuels et politiciens originaires du Sud Ubangi sont les originaires du Territoire de Budjala et non de Gemena. Il s'agit notamment des professeurs Vunduawe et Mbulamoko. Actuellement, les écoles se multiplient grâce à certaines organisations internationales dont la Vision Mondiale et la Coopération Technique Belge.
De la même manière, l'évangélisation, facteur important de changement de comportement et de mentalité, a pénétré tardivement et difficilement dans les milieux Ngbaka. A ce sujet, on a écrit : « Malgré les efforts fournis par les communautés religieuses, les progrès en matière d'évangélisation furent très lents dans plusieurs régions de l'Ubangi. En 1919, les populations, sous l'influence d'un

événement malheureux, n'avaient pas hésité à chasser les catéchistes de leur région »[40].

Dans un autre rapport, l'on note : « Comme les autorités civiles ne voulaient pas l'hébergement des catéchumènes à Libenge, les missions cherchèrent, mais en vain, un autre site le long de la rivière et finirent par ouvrir, en 1920, une petite mission à Nduma, situé à 30 Km de Libenge. Ce site fut rapidement abandonné, en raison de l'hostilité de la population[41].

Plusieurs années après la colonisation, beaucoup de membres de la communauté Ngbaka vivent encore selon les valeurs et les normes traditionnelles, ancrées sur les croyances locales, les pratiques ancestrales et le fétichisme.

Comme déjà signalé plus haut, les Ngbaka sont un peuple guerrier, agressif et sanguinaire. Ils avaient opposé une farouche résistance à la pénétration des colonisateurs qui s'étaient d'abord installés ailleurs puis très tardivement et timidement chez eux avec toutes les conséquences sur les actions de promotion socioéconomique de cette population.

La personnalité guerrière des Ngbaka est attestée par l'administration belge qui a érigé, à Gemena, un monument en mémoire d'un guerrier répondant au nom de « *Nzomba* ».

---

[40] RDC, *Ibid*, p. 160.

[41] RDC, *Op. cit.* p. 148.

(Monument du guerrier « Nzomba à Gemena)

La résistance du peuple Ngbaka est stigmatisée dans le rapport sur l'administration du Congo belge adressé à la Chambre des Représentants en 1933. Il y est écrit : « En RD Congo, la région de l'Ubangi fait figure de l'exemple des peuples ayant résisté, de manière embryonnaire certes, mais quasi permanente, aux structures de la colonisation par l'intermédiaire soit des sectes religieuses, soit des mouvements diffus. L'administration avait rencontré de difficultés à s'implanter dans ce district. En 1933, les territoriaux se plaignaient de l'état d'esprit des indigènes qui laissait fortement à désirer… (particulièrement) chez les Ngbaka.

(…) C'est l'année où les incidents se sont produits dans le territoire de Libenge. C'est spécialement dans les environs du

chef-lieu que les indigènes se firent remarquer par leur insoumission (à payer l'impôt) qui nécessite une occupation »[42].
L'Administrateur **Tonnoir** de Nouvelle- Anvers confirme cette résistance dans ses écrits : « Cette secte de *bondo* semble être un véritable obstacle à notre occupation pacifique, elle anéantit, chez les natifs qui y sont soumis, les moindres étincelles de loyalisme. Lorsque j'y séjournais au mois de septembre afin de donner suite aux plaintes de l'inspecteur des postes à bois, Jespersen, je fus amené à procéder à l'arrestation et à la condamnation d'un certain nombre de coupeurs »[43].
Dans un autre rapport, l'on peut lire: « … Celui-ci arriva dans le district de l'Ubangi en avril 1897. Il y fut chargé de réorganiser le poste *d'Imese* dans le Sud de l'Ubangi, un poste abandonné depuis 1896 à cause de l'hostilité des populations … »[44].
Pour mettre fin à la résistance des Ngbaka, une vaste campagne de soumission au régime colonial a été stratégiquement menée en utilisant les forces des fusils et les peuples voisins dont les Ngbandi et les Ngombe. Pour Père **Vedast Maes**, « Le Chef Ngbandi *Baya* et son lieutenant *Kangayani* réçurent de l'administration l'ordre de soumettre les Ngbaka au régime colonial et de leur faire récolter du caoutchouc. (…) Dans le Nord- Est, les campagnes de *Kangayani* ont connu quelque succès en encerclant des villages à l'improviste et en forçant les chefs et les notables à sortir et à conclure alliance par contrainte. La plupart des villages se défendirent, mais durent se retirer sous les coups des fusils »[45].
Cependant, dans d'autres parties de la région, la résistance des Ngbaka a perduré très longtemps, comme l'auteur précité le soutient : « *Bado*, *Gbwamanda* et *Dambui* étaient les hommes forts du groupe Ngbaka à l'Ouest, qui ont soutenu la résistance

---

[42]RDC, *Ibid*, p. 160.
[43]RDC, *Ibid.* p. 162.
[44] RDC, *Ibid.* 174.
[45] V. MAES, *Op. cit.* pp. 49 et 51.

jusqu'à l'extrême. (...) Par la soumission des Ngbaka au régime colonial en 1908, l'ordre ne fut pas rétabli d'un coup. Les familles ne se réunissent que difficilement pour former des villages »[46].
Enfin, il ressort de cette investigation que les Ngbaka ont résisté à la colonisation belge pendant environ vingt ans et qu'en conséquence l'administration coloniale a posé moins d'actions de développement dans leur région. Leur comportement a eu des répercussions sur leurs conditions de vie même cinquante ans après l'indépendance.

Tradition, us et coutumes

Le peuple Ngbaka est très attaché à sa tradition et à ses coutumes auxquelles il se réfère quel que soit son rang socioprofessionnel ou sa résidence. Quelques-uns de ces us et coutumes peuvent constituer des freins à sa promotion sociale et économique ou mieux au développement de l'individu et de la communauté.

L'attachement à la tradition Ngbaka est stigmatisé, avant nous, par Père **Vedast Maes**, lorsqu'il écrit : « Si la vie des Ngbaka a évolué depuis 80 ans, elle a conservé encore beaucoup d'éléments traditionnels qui méritent d'être rappelés et donnés en exemple à la génération moderne »[47].
Parmi ces éléments culturels, il y a lieu de retenir les croyances locales, le mariage (précoce, polygamie, intra ethnique, etc.) et la succession.
En effet, les Ngbaka croyaient en un Etre Suprême appelé « *Galé* », aux esprits des morts et au fétiche et attribuaient les pouvoirs surnaturels et magiques à des objets visibles. Le culte

---

[46] *Ibidem*, p. 55 et 56.
[47] *Ibidem*, p. 60.

des ancêtres jouait un grand rôle dans la vie des Ngbaka. Les défunts étaient invoqués dans des circonstances diverses, notamment lors de la récolte pour offrir les prémices avant de les consommer, lorsqu'on échouait continuellement à la chasse ou lorsqu'une personne était malade. Ils pratiquaient des rites *« Ndabà »* sur des autels en forme de siège ou de table sur lequel on pouvait faire des offrandes.

Les religions catholiques et protestantes les ont dépossédés des fétiches et de plusieurs pratiques ancestrales ; mais leur mentalité n'a pas beaucoup changé. Ils s'y réfèrent souvent et posent des actes en cachette. Un de nos informateurs nous exprimait sa conviction en ces termes : *« La religion a rendu faibles les Ngbaka en les dépouillant de leurs puissances ancestrales. La politique a également affaibli la culture ngbaka ».* Parlant de la culture, il faisait allusion au Président Mobutu qui avait interdit l'excision du clitoris des jeunes filles, dans les années 1980, pendant qu'elle se pratiquait encore dans certaines régions reculées.

Le mariage chez les Ngbaka peut constituer également une pesanteur au développement. Les filles sont prises en mariage précocement tandis que le mariage est généralement polygamique et génère de nombreux enfants. Un informateur confirmait qu'il est issu d'une famille polygamique de 40 enfants et que le papa avait réussi à prendre en charge 20 parmi eux pour les études du niveau supérieur et universitaire.

Père **Vedast Maes** décrit cette situation dans son livre : «La petite polygamie a toujours existé. Cependant la première femme restait la maîtresse de la maison. Les co-épouses ont chacune leur case où elles habitent avec leurs enfants. (…) Les Ngbaka aiment leurs enfants. La mère est fière d'avoir une grande famille. Le père aime aussi ses enfants ; il ne dédaigne pas de les prendre sur les bras et de les choyer. Aujourd'hui encore, tout étranger venant dans un village Ngbaka s'étonne du grand nombre des enfants »[48].

Le grand nombre des enfants et par conséquent des membres du ménage est un facteur appauvrissant de l'homme et de la communauté. L'accès à certains services comme le logement décent, l'alimentation, les soins de santé, l'éducation, les loisirs, etc. pose problème. Pendant le boom économique du café dans le Sud Ubangi, dans les années 1980, les Ngbaka ont dépensé leur richesse pour le mariage polygamique plus que pour les investissements durables.

Un autre élément culturel d'appauvrissement des Ngbaka est l'étude des filles. Autrefois, la fille n'était pas autorisée à étudier mais était préparée uniquement au mariage à partir de 12 ans. Bien qu'actuellement, une petite évolution soit observée, le mariage précoce empêche toutefois encore les filles de poursuivre les études plus loin au niveau secondaire et universitaire.

Le système de succession est un autre facteur qui viole le droit de la personne humaine. En effet, dans la communauté Ngbaka, la femme n'a pas droit à la succession après la mort de son mari. Ce fait est renseigné par l'écrivain précité pour qui, « Les Ngbaka ont un régime le patriarcat. L'homme est maître de sa maison, et à sa mort la femme n'hérite pas, tout va au frère du défunt, même les enfants »[49].

Un autre fait pas moins important dans l'appauvrissement chez ce peuple est le pillage des biens mobiliers lorsqu'un membre de famille est décédé. Avant même les funérailles, les membres des familles de tous les deux côtés des parents se précipitent pour prendre chacun ce qu'il peut trouver dans la maison, faisant abstraction des enfants ou du parent en vie. Ici, le

---

[48] V. MAES, *Op. cit.* pp. 64 et 66.

[49] *Ibidem*, p. 64.

premier réflexe est de sauvegarder les biens de valeur dans une autre famille avant d'annoncer la triste nouvelle de la mort.

Sorcellerie, jalousie et fétichisme

La sorcellerie assortie de la jalousie est une grande pesanteur de développement dans plusieurs communautés ethniques en République Démocratique du Congo. La communauté Ngbaka est fortement concernée. Les sorciers sont nombreux au sein de cette communauté où la sorcellerie se transmet de père au fils et de mère à la fille, pour l'autodéfense mais également pour l'attaque des ennemis et des innocents parfois par pure jalousie. Les morts sont légion dans les milieux Ngbaka, provoqués par les sorciers. Les membres de la société en sont conscients mais impuissants face aux puissances surnaturelles. Comme signalé plus haut, les Ngbaka recourent fréquemment aux fétiches pour leur protection et pour des destructions méchantes. Même s'ils en ont été dépossédés par les missionnaires catholiques et protestants mais cette culture résiste à la modernité.

La sorcellerie, la jalousie et le fétichisme freinent le développement du monde Ngbaka. La population hésite à investir dans le village, à construire de belles maisons, à acquérir des biens de valeur, à produire plus que les autres, à vivre décemment parmi les pauvres. Les Ngbaka vivant dans la Ville de Gemena, à Kinshasa, en Europe ou ailleurs ne retournent plus au village. Ils n'envoient jamais leurs enfants en vacances ou en visite familiale dans leurs villages d'origine. En cas de deuil, les originaires se rendent au village pour les funérailles et retournent dans la clandestinité.

Résistance au changement

Les Ngbaka sont très attachés à leur tradition et à leurs coutumes ; par conséquent, ils acceptent difficilement les innovations, les changements en dehors de leur culture. Au 21ème siècle, les Ngbaka vivent et travaillent comme leurs parents et leurs grands-parents. Leurs modes de vie et de pensée n'ont pas beaucoup changé en dépit du modernisme dans lequel ils peuvent vivre.

Cependant, les Ngbaka sont très fidèles aux paroles des vieux sages, des leaders politiques et de leurs faiseurs d'opinion. Pour ces derniers, ils n'ont aucun esprit de discernement. C'est pourquoi, le changement ou l'innovation, pour être accepté, doit passer par leurs propres fils.

Avenir prometteur des Ngbaka.

Les Ngbaka ont un avenir prometteur et peuvent constituer une grande force politique, économique et culturelle en RD Congo. En effet, ils ont effectivement pris conscience de leur retard, effets de la colonisation et de leur résistance à l'administration belge. Ils sont pris conscience de leurs pesanteurs psychosociologiques, de leur force physique et mentale ainsi que d'autres atouts de leur développement.

Le Centre de Développement Intégré de Bwamanda, initié en 1969 par les missionnaires Capucins et quelques leaders locaux sur le Territoire de Gemena, reste le plus grand acteur de changement de mentalité et de promotion socioéconomique des Ngbaka. Il a notamment organisé l'éducation formelle et non formelle en faveur de la population ; assuré l'encadrement de cette dernière dans les activités agricoles et d'élevage ; construit environ 4.000 pompes d'eau potable dans les villages ; acheté, transformé et commercialisé les cafés des paysans et leur a procuré un pouvoir d'achat ; appuyé l'organisation des paysans dans les comités de développement communautaire ; regroupé la population dans la Mutuelle de santé (la plus grande du pays) ; appuyé l'amélioration de l'habitat, etc.

Avec l'appui des missionnaires, les Ngbaka se sont déplacés vers Lisala, Mbandaka, Kotakoli et Molegbe pour les études secondaires et à Kinshasa, Kisangani et Lubumbashi pour les études universitaires. Par leur persévérance et leur solidarité, les Ngbaka comptent, en 2016, parmi eux neuf docteurs, professeurs d'universités.

Les Ngbaka sont déterminés à relever les défis de leur développement en adoptant de nouveaux comportements. Par leur esprit de travail, leur solidarité, leur endurance et leur persévérance, ils ont déjà renversé la tendance et deviennent un peuple sur lequel repose l'avenir de la Province du Sud-Ubangi et qui est capable de contribuer énormément au développement de toute la Nation congolaise.

Pour réaliser cette vision, le renforcement de l'accompagnement et de la conscientisation pour le changement de comportement et de mentalité ainsi que pour la révolution de la culture ngbaka sont plus qu'indispensables. Cet objectif stratégique n'est possible que s'il est dirigé de près par leurs propres leaders dont le chef de fil semble être Monseigneur SENEMONA SEWI de la Paroisse Notre Dame de Gemena. L'avenir nous le dira !

2.5. Communauté Luba

Dans la présente étude, par la Communauté « *Luba* », nous entendons l'ensemble des « *Baluba- Lubilanji* » de l'actuelle Province du Kasaï Oriental et des « *Baluba- Lulua* » du Kasaï Central.

Le Peuple « Luba », très bien connu dans le pays et en dehors des frontières nationales, vit dans l'extrême pauvreté, en dépit de l'immense potentialité constitué par le diamant industriel et artisanal que renferme son sol. Cette misère a pour pesanteurs : (1) les conflits sociaux ; (2) la sorcellerie et la jalousie ; (3) la discrimination sexo-spécifique ; (4) le tribalisme et le clanisme ; (5) la taille de ménages ; (6) le faible esprit associatif et (7) l'orgueil et la vantardise.

Nonobstant ces pesanteurs, les « Luba » présentent certains atouts pour leur promotion socio-économique dont les plus connus sont : (1) le travail et le dynamisme et (2) le goût du risque et d'aventure.

Travail et dynamisme

Les « *Luba* » sont des travailleurs infatigables là où leurs intérêts économiques constituent des enjeux importants. Dans les exploitations artisanales des matières précieuses, ils sont les plus actifs comme un peu partout à travers le pays. Leur dynamisme est admiré dans le transport par taxi moto et voiture dans la Ville de Kinshasa et dans des conditions environnementales parfois très difficiles.

Pendant l'époque coloniale, ils ont été recrutés en masse pour travailler dans les mines au Katanga. Ils ont réussi à scolariser leurs enfants en masse dans les meilleurs établissements et au niveau supérieur et universitaire. Par leur ardeur et compétence, ils ont occupé les plus hautes fonctions dans l'administration de la Générale des Carrières et des Mines (Gécamines). Vers les années 1992, selon les informations en notre possession, trente-deux postes de direction sur 35 que comptait cette société étaient occupés par eux, les trois restants étaient partagés entre les anciennes provinces de Bandundu, Orientale et Katanga. Leur position stratégique dans la Province du Katanga leur avait attiré la jalousie et des ennuis jusqu'à leur expulsion brutale de cette province.

Le travail et le dynamisme constituent donc un atout important pour la promotion socioéconomique du peuple « *Luba* ». Cependant, ce dernier s'adonne réellement au travail que pour des bénéfices immédiats et personnels ; rarement pour la communauté et des investissements à long terme. C'est pourquoi avec la perte de la valeur du diamant, ils ont abandonné leurs villages et leurs provinces dans la pauvreté et à la recherche du bien-être sous d'autres cieux.

Goût du risque et de l'aventure

Les « *Luba* » sont connus à travers tous les coins et recoins de la République Démocratique du Congo à cause de leur goût du risque et de l'aventure. Ils bravent tous les risques et dangers essentiellement pour les activités de survie. Pendant la Deuxième République, ils se sont déployés partout dans l'Administration publique et l'Enseignement. Avec la libéralisation de l'exploitation artisanale des matières précieuses, ils se retrouvent dans toutes les forêts et rivières renfermant ces matières.

La chute des cours de certains minerais a orienté les « *Luba* » vers d'autres stratégies de survie avec activités innovantes et rémunérations immédiates, à savoir : (1) les églises de réveil ; (2) le transport par moto et (3) le petit commerce.

En effet, depuis environ deux décennies, les églises de réveil se sont développées à travers toute la République Démocratique du Congo. Elles envahissent l'Afrique et l'Europe. L'observation de près révèle que les initiateurs de ces églises sont en majorité les « *Luba* ». Ce constat est valable tant dans la capitale Kinshasa que dans les vingt-cinq provinces du pays. En Afrique de l'Ouest et en Europe, ce mouvement se

développe à grande vitesse par le dynamisme de ce même peuple en connivence avec celui des Nigérians.
Le transport des personnes par moto, jadis connu uniquement à l'Est du pays et essentiellement dans les villes de Goma, Bukavu, Butembo, Beni, Bunia et Kisangani, s'est imposé dans la Ville de Kinshasa où le nombre de motards peut avoisiner cinquante mille. Cette initiative est l'œuvre du peuple « Luba » qui la gère à près de 80 %. Les jeunes gens prennent tout le risque possible pour se déplacer de leurs milieux d'origine, quels que soient les moyens, vers Kinshasa, Lubumbashi, Kindu et ailleurs, uniquement pour exploiter ce type de transport et ainsi survivre.
Le petit commerce des produits manufacturés (boutiques), des cartes de communication et même des importations dans la Ville de Kinshasa est assuré, pour la plupart, par des jeunes « *Luba* ». Au marché central de Kinshasa, ils sont sur le point de supplanter les Ouest africains (« *dingari* ») dans l'importation et la commercialisation de certains produits, pendant que les communautés locales ou voisines de la capitale restent dans l'observation.

Conflits sociaux

Un conflit est une relation antagonique entre deux ou plusieurs unités d'action dont l'une au moins tend à dominer le champ social de leurs rapports.
Pour **Wikipédia**, « Un conflit social est un affrontement entre plusieurs groupes sociaux antagonistes, l'objet de tout conflit étant de modifier le rapport de forces existant entre les parties. Les conflits sont "normaux" au sens sociologique du terme, c'est à dire que toute vie en société débouche inévitablement sur des conflits. De plus, à l'intérieur des groupes en conflit, ce

dernier renforce leur identité commune. Le conflit a, de ce point de vue, un aspect intégrateur ».[50]

Pour **F. Muhigirwa**, « Le développement, la paix et la sécurité sont, dans leur essence, des valeurs humaines, sociales et spirituelles. Le développement et la paix sont deux réalités qui sont intrinsèquement liées et complémentaires. D'une part, en effet, la paix est un préalable, une des conditions sine qua non du développement. D'autre part, le développement implique la paix entendue comme un ordre, une aspiration, une forme de justice parmi les êtres humains ».[51]

L'un des plus grands fléaux qui handicapent le développement des provinces du Kasaï Oriental et du Kasaï Central est le conflit social qui détruit le tissu économique et social et décourage l'entreprenariat ou les nouvelles initiatives. La population passe une bonne partie de son temps à prévenir les conflits, à se combattre et à résoudre ceux qui éclatent au sein du village ou du clan, avec les villages voisins et les communautés environnantes.

Une enquête diligentée, en 2010, par la Mission des d'Observation des Nations Unies au Congo (MONUC) avec la collaboration technique de la Société Civile congolaise, avait identifié 624 cas des conflits sociaux gérés ou pas, dans l'ancienne Province du Kasaï Occidental, entre 2006 et 2010. Ce chiffre est largement révélateur de l'ampleur des conflits dans cette province.

Une autre enquête, conduite par la MONUC en Province du Kasaï Oriental, a établi la cartographie des foyers de conflits et en a identifié 140 dans les 16 territoires et villes de cette province. Dans la même préoccupation, mis en place par le

---

[50]WIKIPEDIA, http://ses.webclass.fr/notion/conflits-sociaux (consulté le 24 juin 2016 à 11 heures 30 minutes.

[51] F. MUHIGIRWA , « Pas de développement sans la paix et la sécurité », dans *Congo-Afrique,* n° 457, Kinshasa, CEPAS, Septembre 2011, p. 484.

Gouvernement provincial avec l'appui du PNUD, le Programme de Consolidation de la Paix révèle que «.... les principaux problèmes du Kasaï Oriental restent le conflit de succession au pouvoir coutumier, le conflit foncier et le conflit pour le contrôle de la gestion des ressources naturelles qui sont difficiles à maîtriser et qui bloquent le développement des entités et des communautés locales. La question foncière entre les communautés de deux Provinces du Kasaï Oriental et du Kasaï Occidental est aussi une source potentielle de conflit qui fragilise les équilibres sécuritaires existants.

Chaque fois que les conflits éclatent dans une localité, les conséquences sont désastreuses : 1) les écoles et les cases sont brûlées ; 2) l'incendie des écoles place les enfants dans une situation de précarité et constitue ainsi une raison majeure d'abandon scolaire qui, à son tour, alimente le phénomène récent des enfants de la rue et 3) l'accès aux soins de santé devient difficile, la survie de l'enfant et de la femme est rendue difficile.

En ce qui concerne les travaux agropastoraux qui occupent plus de 70 % de la population, ils seront seulement bloqués, la faim s'installera chez les protagonistes tout comme chez les paisibles citoyens ».[52]

Les « *Baluba* » s'affrontent facilement lorsqu'un village exploite les terres fertiles ou les mines appartenant à un autre village et lorsque les habitants d'un village ou d'un groupement cherchent à occuper les espaces au-delà de leurs limites. Souvent, les clans (« *bena, bakwa* ») s'entretuent pour une portion de terre sans valeur économique notable.

Les conflits du pouvoir coutumier sont fréquents pour la succession des chefs de groupement et de village. La mal gouvernance de l'entité par un chef coutumier et le non-respect

[52] PNUD, Programme de Consolidation de la Paix au Kasaï Oriental (document inédit), Mbuji- Mayi, PNUD, 2010, p. 13.

des sages et de la population peuvent provoquer une protestation violente, la révolte et la division au sein de la population. A cause de ce type de conflit, la Communauté « *Luba* » est sérieusement divisée. Plusieurs groupements et villages de fait sont créés anarchiquement avec de nouveaux chefs non légitimés. Situation difficile à gérer par le Ministère de l'Intérieur.

Sorcellerie et jalousie

La sorcellerie et la jalousie sont des fléaux majeurs pour le développement de l'Afrique et de la République Démocratique du Congo. La sorcellerie est tellement généralisée que certaines personnalités la qualifient de « sorcellerie sociale ». Pour **Kä Mana**: « il s'agit d'un esprit collectif de destruction sur la base des jalousies, des rancunes et des peurs d'être infériorisé par un homme plus ambitieux, plus créatif et plus déterminé que soi. La société africaine a été détruite dans nos esprits par cette sorcellerie qui est l'une des formes de violence et de tortures les plus insidieuses dans nos sociétés. Notre société est devenue le lieu où nous nous mangeons les uns les autres par toutes sortes de violences, de tortures et de négativités ».[53]

La sorcellerie est profondément ancrée dans la culture luba. Ces effets sont aggravés par la jalousie. Les pauvres ne tolèrent jamais l'émergence de certains membres de la communauté. Même dans les villes, les riches empêchent les autres de devenir comme eux et tirent la ficelle vers le bas.

Pour maintenir tout le monde dans les mêmes conditions de vie, les sorciers Luba ont la capacité de subtiliser l'argent ou les biens de valeur des autres là où ils sont soigneusement gardés.

[53] KA MANA, cité par P. AKELE, « L'identité nationale congolaise en question » dans *Congo-Afrique*, n° 483-484 mars-avril 2014, p. 180.

Ils rendent parfois le sol infertile, aride pour empêcher la production. Pour exprimer cette situation, la population dit que «*Le sol ne produit pas, parce que l'on a placé les tôles en dessous* ».
En réaction au phénomène des mauvais sorts, les Baluba adoptent des attitudes et comportements d'évitement. Les hommes valides quittent les villages pour habiter en villes ; les habitants des milieux extra coutumiers ne rentrent plus dans leurs villages d'origine ; ceux qui sont condamnés à y résider n'améliorent pas leurs cadres de vie, ne produisent pas beaucoup et essaient de vivre comme tout le monde.
S'agissant du cadre de vie, le document de planification provinciale décrit l'état de l'habitat comme suit : « La forme des villages est généralement la même, les cases en pisé construites de sticks et de paille sont souvent disposées le long de la route. Très peu sont en briques et aux toits couverts de chaume et rares en tôles .La plupart des maisons sont mal entretenues à tel point que les populations rurales vivent dans des conditions d'insalubrité généralisée et beaucoup n'ont pas de latrines ».[54]
Même si les « *Baluba* » vivant à Kinshasa, la capitale, ou dans d'autres villes du pays se débrouillent très bien et mènent une vie d'aisance, leurs villages d'origine sont restés dans la misère. Selon l'enquête 1-2-3 de 2012, les deux provinces en question sont les seules où la pauvreté ne fait que s'accroître alors qu'elle est en réduction sensible dans toutes les autres provinces.

54 MINISTERE PROVINCIAL DU PLAN, Plan Quinquennal de Croissance et de l'Emploi 2011- 2015, Mbuji-Mayi, Ministère provincial du Plan, 2011, p.45.

Discrimination sexo-spécifique

La discrimination fondée sur le sexe indique toute exclusion ou restriction faite sur base des rôles respectifs des hommes et des femmes et de leurs relations mutuelles, privant un être humain de la pleine jouissance des droits de la personne.
Pour **Jophet Tekita Kasongo**, « Les inégalités entre les sexes sont principalement forgées par les logiques coutumières qui érigent des formes de masculinité injustes et répressives en système idéal ; système dans lequel les hommes exercent l'essentiel du pouvoir dans presque tous les domaines, les décisions personnelles ayant trait à la taille de la famille, à l'élaboration des politiques et programmes à tous les niveaux de la gouvernance de la cité »[55].
Les inégalités entre les hommes et les femmes constituent un frein à la promotion des droits humains, à la réduction de la pauvreté, à la croissance économique et au développement social durable. Ces inégalités sont une réalité dans toutes les communautés humaines en République Démocratique du Congo ; mais elles sont acerbes chez les « *Baluba* ».
La discrimination sexo-spécifique est largement décrite par les femmes et les hommes qui la vivent au quotidien. Pour **Delphine Bilowa** et **Jacques Ntumba,** « Malgré les efforts et le plaidoyer de ces dernières années pour lutter contre certains éléments de la coutume qui avilissent la femme, la culture au Kasaï demeure rigide à l'endroit des femmes. Celles –ci sont à plus de 50 % analphabètes, paysannes, épouses au foyer. Elles exercent de petits métiers pour la survie de leurs foyers et vivent dans la précarité. Elles font face à de nombreux

---

[55] J. TEKITA K., Contribution au débat sur l'engagement des garçons et des hommes pour une société congolaise plus équitable. Quelques observations en matière d'égalité des sexes, dans *Congo-Afrique n° 493*, mars 2015, p. 208.

problèmes de tous genres, à de multitudes handicaps et aux contraintes coutumières discriminatoires.

Dans bon nombre de villages du Kasaï, la tradition veut que, dès la tendre enfance, la petite fille soit éduquée à la soumission totale à l'homme, considéré comme chef de la famille. Ses frères, aînés ou cadets, ont, eux, droit au repos, au divertissement et à l'école. Tandis que la fille, elle, doit évoluer dans l'ombre de sa mère, pour apprendre et maîtriser les tâches ménagères, les corvées agricoles et la cueillette… Afin de devenir plus tard une épouse digne et authentique.

La fille, ainsi éduquée au rabais, intériorise le complexe qu'elle transmet, à son tour, à sa progéniture. Ce conditionnement psychologique de la jeune fille, et plus tard de la femme, a un seul but : sa soumission totale au pouvoir de l'homme, son chef, dans tous les secteurs de la vie. Pour les Kasaïens, « *Bakajiki m'bantu* », entendez les femmes ne sont pas des personnes humaines ».[56]

Cette analyse de la condition amoindrie de la femme « Luba » a été renforcée par **Marie Bapu**, repris par les auteurs précités. Pour cette actrice de développement, « Hormis le droit de jouissance, la femme ne possède pas et ne peut pas hériter valablement les biens de son mari. Pire, elle est parfois considérée comme un bien. Les adages, les proverbes et autres chansons populaires jouent un rôle déviateur pour les jeunes et maintiennent la femme dans un statu quo de sa condition amoindrie. Ainsi, la violence (psychologique ou physique) exercée sur la femme cause un déséquilibre social et un frein à tout développement économique, politique et social »[57].

En effet, la femme, dans la Communauté « *Luba* », n'a pas des droits, elle n'a que des obligations. Elle subit des violences

---

[56] D. BILOWA et J. NTUMBA, « Rapports sociaux de sexe : une analyse de la situation de la femme dans la Ville de Kananga », dans *Congo-Afrique n° 473* mars 2013, pp. 88-89.

[57] M. BAPU citée par D. BILOWA et J. NTUMBA, *Op. Cit.* p. 89.

physiques et psychologiques qui n'existent nulle part ailleurs, spécialement en cas d'adultère et de la mort du mari.
La femme adultère est sanctionnée selon les us et coutumes, sanction allant de la malédiction à la mort, en passant par des maladies. Un proverbe luba dit : « *Mukaji, nkaseba ka kabundi. Ka batu baka somba kudi bantu babidi to* »(la femme est la petite peau du lièvre. On ne peut s'y mettre à deux).

Dans l'explication du phénomène,**Claude Kangudie** écrit : « L'adultère est communément appelé « *tshibindi* » chez les « *Luba* ». Il constitue la honte et le déshonneur sublime. Les conséquences d'un tel acte sont incommensurables et incalculables. Ces conséquences vont de la mort des enfants jusqu'à celle du mari. Dans la culture luba, le fait de toucher, même l'épaule d'une femme mariée est considéré comme un adultère. Quant à l'adultère physique, c'est la rupture irrémédiable, la mort et l'enfer. Ainsi l'adultère constitue l'infraction culturelle et morale abominable et irréversible par excellence. Ses conséquences vont du divorce à la mort en passant par toutes sortes des maladies. Donc le « *tshibindi* » est l'infraction au contrat du mariage. Cette infraction est considérée comme telle lorsqu'elle est commise par l'épouse.
Cependant, si le mari et sa famille acceptent de pardonner la femme adultère, on procède par le « *tshibawu* » qui est un ensemble de rituels de réhabilitation et de purification »[58].
La discrimination sexo-spécifique poursuit la femme même après le divorce ou la séparation. Aussi longtemps que la dot n'est pas totalement remboursée, quel que soit le nombre d'années passées en mariage, la femme ne peut pas se remarier, ni entrer en rapport sexuel avec un autre homme ; sinon, la

[58] C. KANGUDIE, **Tshibindi, tshibawu, lupemba chez les Baluba**, http://www.mbokamosika.com/article-tshibindi-tshibawu-lupemba-chez-les-luba-112178787.html (consulté le 09 décembre 2015 à 16 heures).

sanction de la malédiction, des maladies ou de la mort la frappe, elle et sa famille.

La seconde forme de violence concerne les traitements dégradants que la femme luba subit lorsqu'elle perd son mari. En effet, la veuve est soumise à plusieurs épreuves difficiles : elle ne mange pas et ne boit pas ; elle ne se lave pas ; elle reste devant le cadavre sans bouger, ni regarder à côté. Après l'enterrement, elle est contrainte à avoir un rapport sexuel avec un membre de la famille de son époux défunt pour, soi-disant, chasser l'esprit du défunt et la libérer. Tous les biens de son ménage sont récupérés et distribués aux membres de la famille du défunt.

Tribalisme et clanisme

L'exclusion entre différents peuples, communautés et habitants d'un milieu n'ayant pas les mêmes origines influe négativement sur le développement local, régional et national. Le choix porté uniquement sur les personnes de même origine est un frein au développement sur les plans des capacités humaines et de la réalisation des projets communautaires. Il engendre des conflits sociaux de natures diverses et détruit souvent certains acquis du bien-être social, créant ainsi l'insécurité et la vulnérabilité dans le milieu.
Le tribalisme est un grand fléau dénoncé, déjà en 1960 par **Patrice Emery Lumumba** dans son discours à la cérémonie d'accession du Congo belge à l'indépendance le 30 juin 1960, en ces termes : « Je vous demande à tous d'oublier les querelles tribales qui nous épuisent et risquent de nous faire mépriser à l'étranger »[59]. Il est également décrié par plusieurs personnalités du monde scientifique dont **Pierre Akele Adau**,

[59] P.E. LUMUMBA cité par C.N.RISS, *Op. cit.* p. 121.

pour qui, « Un autre paramètre qui formate l'identité nationale congolaise a pour nom le tribalisme ! (...) Imaginez un instant le décor : un Etat moderne dans sa forme et, en face, pour l'animer, de malheureux individus pour qui la tribu constitue le cercle le plus élargi de leur acception de la solidarité et de la sécurité sociale. La persistance du recours à la tribu –et son corollaire le tribalisme- est l'une des manifestations récurrentes de l'incapacité des Congolais à concevoir des instruments de sécurisation sociale et de solidarité communautaire construits sur les supports d'une économie et d'une organisation étatique moderne ».[60]

En République Démocratique du Congo, les « *Baluba* » sont reconnus comme de grands tribalistes, portant toujours leur choix sur leurs frères et ne pactisant pas avec les membres d'autres tribus. L'attitude adoptée envers les autres est également observée au sein de l'ethnie où le clanisme règne en maître. Entre eux, ils ne raisonnent qu'en termes de clans, généralement appelés « *Bena* » (descendants de) ou « *Bakwa* » (beaux fils de).

A titre indicatif, quelques clans sont : *Bena Nshimba, Bena Kasase, Bena Mulenga, Bena Biyombo, Bakwa Meta, Bakwa Mamba, Bakwa Tshiame, Bakwa Beya, Bakwa Longo, Bakwa Muanza, Bakwa Pele, Bakwa Lule, Bakwa Kanyoka, Bakwa Tamba, Bena Kapuku, Bena Milombe,* etc.

Ne s'acceptant pas, beaucoup de clans sont en conflits meurtriers depuis plusieurs décennies. Dans le Territoire de Katanda, les clans « Bena Nshimba », « Bena Kapuya » et « Bena Mwembia » s'affrontent depuis plusieurs décennies et se sont beaucoup appauvris. Il en est de même des clans « Bena Nshimba » et « Bena Nomba ». En Territoire de Kamiji, les « Bena Kelenda » et les « Bena Nyoka » sont en conflit interminable.

[60] P. AKELE, *Op cit.* p.183.

Le clanisme, très prononcé chez les « Baluba », est cause des conflits intercommunautaires qui les paupérisent profondément. Les dégâts qui s'en suivent sont multiples : mort d'hommes ; incendie des villages, des écoles, des centres de santé, des églises ; destruction des marchés, des champs et des bêtes, etc.
La réalisation de grands programmes ou projets de développement pour plusieurs communautés à la fois devient impossible.
En dehors de leurs milieux d'origine, les « Baluba » ne peuvent tisser de solide relation entre eux que lorsqu'ils appartiennent à un même clan. Les conflits intercommunautaires dans les villages divisent même ceux qui vivent à Kinshasa et ailleurs.

Taille du ménage

Le ménage (du latin *mansio* =demeure) est un ensemble de personnes partageant le même logement et participant à son économie. Il s'agit le plus souvent d'une famille. La taille de ménage influe sur les conditions de vie sociale et économique de ses membres, spécialement sur l'alimentation, la santé, la scolarisation, le revenu et le logement. Si elle est très élevée, elle entraîne la pauvreté des membres sous toutes ses dimensions. Lors des consultations à travers le pays, entre 2010 et 2012, la taille de ménage a été citée parmi les déterminants majeurs de la pauvreté en RD Congo.
Selon l'Enquête 1-2-3 de 2012 ([61]), la taille moyenne de ménage est de 5 personnes pour le pays. Par contre, elle est généralement très élevée pour la communauté « *Luba* » à cause de la culture de la polygamie et du mariage précoce des filles et des coutumes qui résistent au choc des civilisations.

[61] MINISTERE DU PLAN, Rapport Global Final. Enquête 1-2-3. Résultats de l'Enquête sur l'Emploi, le Secteur Informel et sur la Consommation des ménages/ 2012, Kinshasa, INS, 2014, pp. 36-38.

L'enquête précitée donne une moyenne de 6,5 % de mariés polygames en RD Congo, 16,1 % pour le Maniema, 10,6 % pour le Kasaï Occidental et 10,3% pour le Kasaï Oriental ; donc largement supérieur à la moyenne nationale. La planification familiale n'est guère une préoccupation pour le Peuple « *Luba* ». Chaque femme met au monde autant que possible et par concurrence, le nombre d'enfants par femme atteint facilement dix. Le devenir des enfants n'est guère une préoccupation pour les parents. Depuis que ces provinces connaissent la basse conjoncture économique, les enfants en situation difficile, les enfants de rue, les enfants abandonnés, les enfants mendiants sont très nombreux dans les villes de Mbuji-Mayi et de Kananga.

Dans cette Communauté, les filles, jusqu'à une épouse récente, étaient mariées très jeunes et sans beaucoup d'exigence. Une fille de moins de dix-huit ans pouvait se marier à un adulte de plus de cinquante, sur décision de ses parents et moyennant une dot même dérisoire. Mariée très jeune, la fille peut procréer jusqu'à dix enfants ou plus sans se préoccuper de l'avenir de ces derniers. Elle répond seulement aux normes coutumières et une opposition de sa part peut entraîner des sanctions allant jusqu'à la séparation.

En effet, pendant nos investigations dans la Ville de Mbuji-Mayi, nous avons rencontré deux chefs de famille, tous polygames. Le premier a 29 enfants dont le dernier est bébé, tandis que le second en a 54. Le premier chef de ménage, âgé de 49 ans, est un officier de l'armée dont le revenu ne peut jamais suffire pour prendre en charge tous ces enfants. Par conséquent, chaque enfant est condamné à se débrouiller pour sa survie et son avenir. Le second est propriétaire d'un hôtel non homologué. Toutes les recettes de logement sont directement récupérées pour les besoins de la famille ; il ne reste presque rien pour la maintenance des infrastructures hôtelières, les services en faveur des clients et les nouveaux investissements.

En 2015, un homme « *Luba* », âgé de quarante-trois ans, est décédé subitement à Lubumbashi, laissant derrière lui quatre femmes et vingt-trois enfants dont le dernier n'avait que deux semaines. Les veuves et les nombreux orphelins sont restés sans maison, sans héritage et sans assurance vie ; et donc dans une extrême pauvreté. Leur prise en charge par quelques membres de famille, dans le cadre de la solidarité, constitue une autre racine d'appauvrissement.

En effet, l'appauvrissement dû à la taille du ménage ou à la croissance démographique est soutenu par plusieurs auteurs.
Pour **Fweley Diangituka**, « L'explosion démographique a des conséquences néfastes, car elle pose les problèmes du nombre des bouches à nourrir, de logements, d'écoles, d'hôpitaux à construire, de moyens de transports publics à augmenter, etc. Il y a une inadéquation entre l'expansion démographique et le développement économique. (...) L'explosion démographique doit être considérée comme une cause majeure du sous-développement, elle est, de ce fait, une variable explicative de la recrudescence des conflits parce qu'une croissance démographique débridée peut faire perdre à une société le contrôle qu'elle exerce sur elle-même ».[62]
L'inadéquation entre la croissance démographique et le développement a été exprimée par **Paul Bairack** en ces termes : « L'explosion démographique affecte inévitablement le niveau de vie individuel de la population, elle compromet les chances de réussite des jeunes. Donc, sans une économie saine, l'explosion démographique est une cause certaine de la misère et aussi un facteur explicatif des conflits ».[63]

---

[62]F. DIANGITUKA, *Pouvoir et clientélisme au Congo-Zaïre-RDC*, Paris, L'Harmattan, 2001, p. 253-255.

[63]P. BAIRACK, *Le Tiers Monde dans l'impasse*, 3ème édition, Paris, Gallimard, 1971, p. 242.

Enfin, les provinces du Kasaï Oriental et du Kasaï Central, habitées majoritairement par les « *Luba* » sont les plus pauvres du pays, d'après le classement de l'Enquête 1-2-3 de 2012, selon l'indicateur de l'incidence de la pauvreté. La détérioration de leurs conditions de vie s'explique partiellement par la taille des ménages et la croissance démocratique qui ne répondent pas à la régression de leur économie, basée uniquement sur le diamant.

Faible esprit associatif

« *Le kasaïen n'est jamais communautariste, il est mutualiste*» me déclarait, un jour à Kananga, l'Abbé Directeur Général de l'Institut Supérieur de Développement Rural. En d'autres termes, l'homme kasaïen n'adhère pas à une association ou une organisation aussi longtemps qu'il n'y trouve pas ses propres intérêts.

En effet, les « *Baluba* » veulent toujours travailler seul et évoluer seul. Les commerçants font leur commerce sans associer les autres membres de leurs familles ; en revanche, ils font tout pour bloquer les initiatives concurrentes. Cet esprit individualiste explique en partie la rareté des coopératives et des mouvements associatifs à la base dans les provinces du Kasaï.

Certaines variables comme la jalousie et l'orgueil peuvent expliquer partiellement ce type de comportement, susceptible de porter atteinte au développement communautaire ; alors que le développement d'un village, d'une communauté ou de toute la nation est l'affaire de tous les membres du village, de la communauté ou de la nation et non d'un seul individu.

A titre d'exemple, la grande Ville de Mbuji-Mayi est devenue un « grand village », faute de travaux communautaires d'aménagement des quartiers, des avenues et des rues. Elle se trouve dans l'obscurité dans sa grande partie parce que les habitants ne peuvent pas s'associer pour acheter ou faire fonctionner un groupe électrogène, expérience bien réussie dans d'autres villes comme celles de Butembo et de Beni.

Orgueil et vantardise

Partout en RD. Congo, les « *Baluba* » sont connus comme orgueilleux et vantards. Imbus d'eux-mêmes, ils aiment une vie de prestige et d'honneur. Ils aiment aussi être considérés dans la société et se distinguer des autres par leurs manières de faire et d'être. Ils se distinguent notamment par leur habillement extravagant et les dépenses de prestige, ne contribuant pas à l'amélioration de leurs conditions de vie.
Ce comportement serait également à la base de l'appauvrissement de ce peuple qui n'avait pas suffisamment tiré profit du boom du diamant lors des décennies passées. D'ailleurs, il est de notoriété, en RDC, que les peuples orgueilleux n'arrivent pas à beaucoup produire, à accroître leurs revenus et à mieux se développer. Par contre, les Congolais humbles exploitent toutes les opportunités leur offertes, dépensent peu pour des choses moins utiles, investissent facilement dans les activités productives, gèrent mieux leurs affaires et vivent dans de meilleures conditions que ceux qui sont orgueilleux.

2.6. Communauté Tetela

Les « *Tetela ou Batetela*» sont établis au centre du pays, entre la Rivière Lomami et le Fleuve Congo, dans la Province de Sankuru, territoires de Lodja, Katako Kombe, Lomela et Kole. Une grande partie des « Tetela » est dans la zone forestière et une autre dans la région de savane.

La Communauté « *Tetela* » est un peuple qui vit dans l'extrême pauvreté et peut se compter parmi les plus pauvres de la République Démocratique du Congo. Quelques pesanteurs expliquent leurs mauvaises conditions de vie, à savoir : (1) la colonisation et l'évangélisation ; (2) la gouvernance décontractée de la province ; (3) les conflits sociaux ; (4) la politisation des communautés ; (5) le tribalisme et le clanisme et (6) l'enclavement physique et socioéconomique.
Les « *Tetela* » disposent également de quelques déterminants au développement dont : (1) le goût du risque et de l'aventure ; (2) la solidarité communautaire et (3) l'appartenance à une même province.

Goût du risque et de l'aventure

Les « *Tetela* » prennent facilement des risques dans leurs stratégies de survie et partout où les opportunités sont offertes. Sans être trop attachés à leur milieu d'origine et à leur société, ils se déplacent même dans les aventures à la recherche des activités rémunératrices. Cette disposition est fructueuse pour des promotions individuelles mais rarement pour le développement à la base.

Solidarité communautaire

En dépit des divisions internes et des conflits régulièrement observés au sein de cette communauté, les « *Tetela* » restent très solidaires. Cette dynamique sociale se fonde sur des rapports intimes qu'ils entretiennent partout où ils se trouvent et chaque fois que nécessité l'exige. Pour exalter cette valeur, **Kilombo Lothera Okunji** a écrit, en 1988, un livre intitulé « La solidarité négro-africaine (le cas des Tetela) : en tant qu'expression de la vie communautaire ».

Cette solidarité peut devenir un leitmotiv pour tous les « *Tetela* » à travailler pour l'émergence d'un Sankuru moderne au cœur de la République Démocratique du Congo.

Gouvernance décontractée de la Province

Le démembrement de la Province du Kasaï Oriental et la création de la Province du Sankuru est une grande opportunité pour la promotion du développement socio-économique de la Communauté « *Tetela* » qui partage presque seule toute la Province du Sankuru.
En effet, l'amélioration de la gouvernance politique et économique de la nouvelle Province du Sankuru et de toutes ses entités administratives décentralisées constitue une voie pour la sortie du gouffre de la pauvreté. Elle permettrait de mobiliser les différentes couches de la population et les tribus ou clans de cette province autour de la même vision et des mêmes défis, de mieux prévenir et gérer les conflits sociaux, de surmonter les querelles intestines, de rationaliser la gestion économique et financière locale et de reconstruire la province actuellement en déliquescence.

Colonisation et évangélisation

La Province du Sankuru, terroir des « *Tetela* », n'avait pas bénéficié de l'attention des colons belges, qui l'auraient mise en quarantaine pendant longtemps.
Peuple guerrier, les « *Tetela* » avaient opposé des farouches résistances, d'abord aux esclavagistes arabes, puis, à la colonisation belge ; des résistances primaires et des révoltes armées dont : (i) la révolte de Luluabourg en 1895 ; (ii) la révolte dans la Vallée de l'Uélé au sein de l'avant-garde de l'expédition du Nil en 1897et (iii) la révolte de Shinkakasa en 1900.

Le 4 juillet 1895, les « *Tetela* » se sont révoltés contre l'Etat Indépendant du Congo (EIC). Les troupes de Luluabourg, majoritairement composées des « *Batetela* » (au nombre de 400 seulement), se révoltèrent, tuant leurs officiers et attaquant diverses stations, à la suite de la condamnation et de l'exécution de leur frère *Ngongo Lutete*, un ancien lieutenant de *Tippo Tip* rallié à la cause de l'EIC.
Les Belges auraient réussi à mettre fin aux résistances et révoltes des « *Tetela* » après avoir maîtrisé leur système de communication sans fil, (« *lokombe* »), très perfectionné et développé de l'ensemble de la population du Congo.

(PE Lumumba, modèle de résistance « tetela »)

Face aux comportements et attitudes des « *Tetela* », considérés comme un groupe redoutable, les colons belges s'étaient orientés dans les territoires des « *Baluba* » où ils avaient été accueillis en douceur. Ces colons ont érigé des infrastructures routières, sanitaires, scolaires, sociales et autres. Même la première capitale du grand Kasaï, qui était Lusambo au Sankuru, a été déplacée à Luluabourg (Kananga).

La racine de la pauvreté dans cette partie du pays s'explique partiellement par l'attitude que les Belges avaient adoptée vis-à-vis de ce peuple, guerrier et rebelle.

La colonisation belge s'accompagnait des activités d'évangélisation pour apporter la Parole de Dieu, changer les attitudes, les us et coutumes des peuples et accepter facilement l'implantation de l'Administration coloniale. A cause de leur résistance à la colonisation, les églises se sont implantées lentement et difficilement ainsi que les écoles, les formations médicales et les œuvres caritatives. Ce retard a beaucoup joué sur le changement de mentalités de la population et le développement dans toutes ses dimensions. Plus d'un siècle après la colonisation belge, la Communauté « *Tetela* » n'a pas rattrapé le niveau de vie socioéconomique des autres peuples de la RD Congo.

Conflits sociaux

Les conflits sociaux sont nombreux, destructeurs et meurtriers dans tous les territoires des « *Batetela* » et retardent énormément leur développement. Les « *Tetela* » passent la grande partie de leur temps à prévenir et gérer les conflits ayant comme conséquences : la mort d'hommes ; l'incendie des villages, des écoles, des centres de santé et des églises ; la destruction des marchés, des champs et des bêtes, etc.

Le rapport de l'enquête réalisée en 2010 par la MONUC[64] et la Société civile indique 140 foyers de tensions non maîtrisés dans l'ancienne Province du Kasaï Oriental. Au Sankuru, les tensions

---

[64]MONUSCO, *Rapport de l'Enquête sur les foyers de tension au Kasaï Oriental, Mbuji-Mayi*, MONUSCO, 2010, pp. 10- 20.

sont observées entre les « *Tetela* » et les communautés voisines et entre les différents clans de la même ethnie.
En effet, les communautés « *Tetela* » s'affrontent régulièrement dans les territoires de Lodja, Kole, Katako- Kombe, Lomela et Lusambo, principalement pour des raisons de leadership socio-politique.
La cartographie des conflits dans cette partie du territoire national se présente comme suit : les « Batetela » du Territoire de Lodja sont en conflit avec ceux du Territoire de Katako-Kombe. A Lusambo, les conflits opposent les « Tetela » à la tribu « Bakwaputu » et la tribu « Basonghe » à celle de « Basalampasu ». A l'intérieur des territoires, les clans s'affrontent entre eux depuis des décennies : « Bahindo » contre « Bakutsu », dans le Territoire de Kole ; « Batetela Ekonda » contre « Batetela Esoe », dans le Territoire de Lodja ; « Bosambala » contre « Bahamba», dans le Territoire de « Katako-Kombe » ; « Batetela » contre « Bahamba » dans le Territoire de Lomela. Le Territoire de Lubefu semble la seule entité où les foyers de tension ne sont pas très manifestes.

Politisation des communautés

Les « *Batetela* » sont un peuple fortement politisé et leurs différentes communautés ou clans se rangent toujours derrière leurs leaders, manipulés pour des questions de leadership politique et, parfois, d'exploitation des ressources naturelles.
Expliquant ce phénomène, **Ndjango Ogombi** écrit ceci : « L'une des caractéristiques de l'idéologie de l'ethnocentrisme, c'est de ramener ou mieux de transposer et transférer sur toute la communauté le problème qui touche quelques individus de la communauté, peu importe qu'ils aient tort ou raison, et cela au nom de la solidarité ethnique ».[65]

---

[65] NDJANGO O., *Op. cit.*, p. 23.

Chaque fois que deux hommes politiques « *tetela* » s'affrontent à Kinshasa sur le plan politique ou juridique, leurs communautés de base s'affrontent également à Lodja, à Katako Kombe, à Kole ou à Lomela, en utilisant non pas les verbes, mais les machettes, les lances, les flèches, le feu et l'on compte le nombre de morts, de maisons et écoles brûlées, de champs détruits, de chèvres abattues, etc.
La politisation à outrance rend paresseux les membres des communautés de base, qui commencent à vivre dans l'attentisme des dons émanant de leurs leaders. A chaque visite dans la contrée, tout le monde est mobilisé pour l'accueil et l'accompagnement du politique mais en tendant la main au retour. La survie de tout un peuple dépend de quelques personnes qui doivent s'appauvrir pour répondre à la forte demande de la communauté. Cet esprit d'attentisme réduit la production locale et pèse négativement sur le développement du milieu.

Tribalisme et clanisme

La Communauté « *Tetela* » est reconnue au pays pour sa préférence inconditionnelle pour ses membres par rapport à d'autres, quelles que soit leurs valeurs intellectuelles, morales et autres.

A l'intérieur de la communauté, les « *Tetela* » sont fortement divisés entre les clans. Ils s'identifient plus par rapport à leurs clans que par rapport à l'ensemble de la communauté. L'attachement excessif au clan réduit leurs capacités à se mettre ensemble pour résoudre des problèmes communs. La réalisation des grands travaux communautaires devient assez difficile et le développement en pâtit.
Plus grave, les différents clans sont en conflits perpétuels pour des questions de leadership politique, du pouvoir coutumier et

de gestion des ressources naturelles. Les multiples conflits identifiés sur cette double pesanteur sont éloquents et portent des préjudices graves sur le développement de cette partie du pays.

Enclavement physique et socioéconomique

Les territoires des « *Tetela* » sont enclavés au centre du pays, sans ouverture vers les pays voisins ou les grandes agglomérations, lieux d'échanges commerciaux et de décisions sur l'avenir du pays.
Pendant plusieurs décennies, il a été difficile pour cette population d'atteindre la Ville de Mbuji-Mayi, leur ancienne capitale provinciale ou la Ville de Kinshasa, capitale du pays. Les routes d'intérêt national et provincial étaient fermées à la circulation des personnes et de leurs biens. Aucune ligne de chemin de fer ne traverse ce territoire ; de même que les grandes voies navigables sont absentes. La seule issue pour ce peuple est la voie aérienne, mais sans un aéroport commercial de grande dimension.
L'enclavement des « *Tetela* » est de l'intérieur et vers l'extérieur du pays, source de plusieurs échanges économiques, culturels et d'expériences de développement. Elle est une pesanteur non négligeable concernant les conditions de vie et a beaucoup contribué à l'appauvrissement du peuple « *Tetela* ».
La pauvreté des « *Tetela* » peut être combattue et réduite si les quelques atouts dont ils disposent sont rationnellement exploités en plus de la nouvelle opportunité du démembrement de la province du Kasaï Oriental.

2.7. Communauté *Songye*

Les « *Songye* ou *Basonge*» sont une communauté qui habite trois provinces, à savoir : la Province de la Lomami, dans les territoires de Kabinda, Lubao, Lusambo et Ngandajika ; la Province de Tanganyika, Territoire de Kongolo et la Province du Maniema, territoire de Kasongo et de Kibombo.
Deux fléaux constituent les pesanteurs majeures pour la promotion de la communauté « *Songye* » : (1) les conflits sociaux et (2) l'ensemble sorcellerie, magie, fétichisme et jalousie.

Les conflits sociaux

Les « *Songye* » sont majoritaires dans la Province de la Lomami où les conflits sociaux déchirent la population, détruisent les infrastructures socio-économiques, provoquent la mort d'hommes et freinent le développement local.
Le rapport de l'enquête de la MONUC et de la Société civile sur les foyers de tension dans la Province du Kasaï Oriental révèle que « Dans le District de Kabinda (actuellement Province de la Lomami), les communautés « Songye » sont en conflit sanglant entre elles depuis plusieurs années, surtout dans le Territoire de Kabinda, où l'on enregistre la plus haute fréquence des conflits intercommunautaires. Les chefferies et les secteurs en conflit sont Nvunayi et Lukashyi-Lualu, Lubangule et Lufubu-Lomami, Lukashyi et Lualu, Madilu et Evungu, Baluba et Lubangule, Lukashyi et Luala. Les populations du Territoire de Kabinda sont également en conflit avec celles d'autres territoires dont Lubefu, Ngandajika et Lubao »[66].

---

[66] B. KAKURA, *Op. cit.*, p. 199.

Sorcellerie, magie, fétichisme et jalousie

La société « *Songye* » est réputée pour son niveau élevé de sorcellerie, magie et fétichisme, très destructifs pour le développement local à cause de la jalousie, un mal qui tire les ficelles vers le bas. En dépit des évolutions socioéconomiques que connait la RDC, la région des « Songye » enregistre encore un retard énorme en matière de développement.

(statue fétiche songye)

L'objet mythique très développée dans cette communauté pour se protéger ou détruire est le « *masende* », une transformation de la magie de l'Inde. La renommée de ce pouvoir fabuleux attire les jeunes gens de Lubumbashi à sa recherche vers Kamina, territoire voisin de Ngandajika, de Mbuji-Mayi vers Ngandajika et Kabinda et de Kindu vers Kasongo et Kibombo.
Les « *Songye* » croient fermement au pouvoir de « *masende* » qui accompagne leur vie depuis la nuit des temps et partout où ils se retrouvent. Cette croyance est confirmée par Wikipédia en ces termes : « Les fondements de la croyance magico-religieuse d'origine pré-coloniale étaient (sont souvent encore) la croyance en la magie bénéfique (pratiquée par le *nganga*) et la magie maléfique (pratiquée par le *ndoshi* – qui acquiert le *masende* par initiation). Toutefois, la distinction est souvent floue : un bon *nganga* est amené à se confronter magiquement avec le magicien maléfique qu'il a identifié comme étant celui qui s'attaque à son client. Cette confrontation suppose qu'il maîtrise, davantage que son adversaire, la magie maléfique de sorte que s'établisse entre eux une sorte d'équilibre de la

terreur : si le *ndoshi* continue de s'attaquer magiquement au client du *nganga*, ce dernier s'attaquera à lui».[67]

Le pouvoir bénéfique ou maléfique des « Songye » est incarné dans les statues (« *kifwebe* »en *kisongye*)) dont ce peuple est l'un des plus grands sculpteurs en RDC.

Pour les collectionneurs européens : « Les Songye ont créé des statues impressionnantes, des masques avec des traits puissants, utilisés par des sociétés secrètes. Les statues songye magiques assurent le bien être du village. Elles ont une attitude hiératique. Les statues songye fétiches sont nombreuses et varient en taille de 10 à 130 cm. Les statues songye sont parfois recouvertes de cuivre ou de laiton, de perles ou de clous afin de renforcer la puissance magique et lutter contre les forces maléfiques et diriger la foudre contre elles.

Ces statues songye parfois habillées de plumes et de peaux de serpent, avec des colliers de métal et des bracelets portent des sacs magiques contenant des médecines pour renforcer leur pouvoir. Autrement ces statues songye ont le ventre et le haut de la tête souvent creusés pour contenir des substances magiques. Les féticheurs utilisaient des statues montées sur un socle avec une charge magique accrochée sur la tête avec un clou. Les statues songye sont liées à la magie blanche.

[67] WIKIPEDIA, Songye, un peuple de la République Démocratique du Congo, https://fr.wikipedia. org/wiki/ Songye_%28peuple%29 (consulté le 22 janvier 2016 à 16 heures 40 minutes).

Parfois ces statues sont suspendues à l'intérieur des maisons par des crochets placés sous les bras. Les grands fétiches, dont le rôle était de protéger la communauté étaient placés dans de petites huttes. (…) Les masques songye *kifwebe* sont liés à la magie noire et occupent un rôle très important au niveau du contrôle de la vie politique et sociale »[68].

Comme déjà signalé plus haut, le pouvoir magique ou fétiche « songye » est sollicité en dehors de la contrée des « Basongye », même par certains rois. **Détours des Mondes** en font une révélation : « Les Songye étaient réputés pour leurs statues de pouvoir. Lors de son séjour en 1910 à la cour du roi Kuba*Kot a-Pey*, l'ethnologue Emil Torday eut l'occasion de photographier 4 statues Songye que le roi avait commandées afin de se protéger. Ces statues n'étaient pas exposées. Elles appartenaient à l'ensemble des fétiches royaux; et c'est un témoignage rare que celui-ci »[69].

La sorcellerie, la magie, le fétichisme et la jalousie des « *Basongye* » constituent une grande pesanteur pour leur promotion socioéconomique. Ces pouvoirs mythiques sont plus utilisés pour provoquer la mort d'hommes ; détruire les patrimoines, les champs et les cheptels des autres et anéantir la production agricole et décourager les travailleurs ou les personnes de bonne volonté. Ainsi, tout le monde est tiré vers le bas et condamné à vivre dans la pauvreté comme le commun de la population.

Les « *Basongye* » provoquent la foudre ou la pluie torrentielle pour tuer ou détruire ; jettent le fétiche sur le chemin pour causer du malheur à quelqu'un ou dans le champ pour

[68] Arts Africains, Songye, http://www.art-africain.fr/ethnie/songye/vie-rituels-afrique-noire, (consulté le 25 janvier 2016 à 12 heures).

[69]Détours des Mondes, Arts lointains, Espaces de cultures, http://detoursdesmondes.typepad.com/ dtours _des _mondes/songye/ (consulté le 25 janvier 2016 à 14 heures).

empêcher la production agricole. Par leur sorcellerie, ils transforment le grand champ en terrain de football et aucune production n'y est possible. Ils ont la capacité de récolter dans le champ d'autrui à partir de leur propre champ.
Dans le Territoire de Ngandajika, les sorciers seraient organisés dans des associations informelles mais bien connues, selon certains animateurs de développement.
De manière générale, la population a peur de la sorcellerie et des fétiches. La plupart des gens n'osent pas faire de grands champs et prendre de grandes initiatives de production des richesses. Les hommes valides vident les villages pour résider dans les centres extra-coutumiers et, ainsi, éviter les amertumes de détenteurs de la sorcellerie, de la magie et de fétiche. Les originaires redoutent leurs milieux, n'y reviennent plus pour investir et les ressources humaines de qualité et les actions de développement sont rares.

2.8. Communauté Hemba

La communauté « *Hemba* ou *Bahemba*» habite dans les Territoires de Kongolo et de Nyunzu, en Province de Tanganyika et dans un secteur du Territoire de Kabambare, en Province du Maniema, dans une région couverte en plusieurs endroits de forêt.
L'organisation sociale de cette communauté est caractérisée par un système de clans réunissant plusieurs familles ayant un ancêtre commun. Les clans sont indépendants les uns des autres et un clan peut constituer un village entier. Chaque chef de clan à une autorité totale et indiscutable sur les membres de son clan. Il est le propriétaire foncier au nom de la famille fondatrice du village et en assure une protection mystico-religieuse. Tout membre du clan y exerce ses droits fonciers parce qu'il y

appartient par le sang. Les clans sont regroupés en six chefferies alliées, souveraines et indépendantes les unes des autres.

Il est à noter que les « *Hemba* » sont très attachés à leur terre ; c'est pourquoi ils y sont tellement attentifs pour ne pas occasionner sa perte qui peut arriver par les conflits armés avec les peuples voisins. Les « Hemba » ont ainsi développé les réflexes d'autodéfense et de défense de leur sol.

Les comportements et les pratiques des « *Hemba* » sont marqués par le conflit qui les oppose aux « *Balubakat* » depuis de longues dates et, surtout, pendant les premières années de l'indépendance de la RD Congo en 1960. Ils en sortent vainqueurs grâce à leur ténacité, cruauté, mobilisation sans condition et formation paramilitaire de tous les garçons.

La Communauté « Hemba » est pauvre dans un environnement suffisamment enclavé. Les pesanteurs de son développement sont multiples et les plus visibles sont : (1) l'éducation à l'agressivité et(2) la culture de jouissance. Cependant, cette communauté présente un atout majeur, celui de la forte capacité de mobilisation pour ses intérêts supérieurs.

Forte capacité de mobilisation

Pendant toute la période de la sécession katangaise, les « *Hemba* » se sont mobilisés, hommes, femmes, jeunes et enfants pour résister à la fois à l'attaque des « *Balubakat* » et de l'Armée Nationale Congolaise, qui avait pour mission de mater la sécession. Les hommes combattaient avec des armes à feu et des armes blanches, tandis que les femmes et les jeunes filles servaient d'appât pour les ennemis, comme concubines et agents de renseignement.

Les « *Hemba* » étaient alliés aux forces de Moïse Tshombe, au Sud du Katanga, et bénéficiaient des renforts en armes et munitions par la voie aérienne. Ayant perdu l'aérodrome de Kongolo, ils se sont repliés à *Mbulula*, 60 Km au Sud de

Kongolo. Par une mobilisation tous azimuts, ils ont construit, en une semaine seulement, une autre piste de 2.000 m pour recevoir encore les appuis des forces sécessionnistes. En dépit de leur faible nombre, ils ont vaincu les « *Balubakat* » et récupéré tout leur territoire.

Les « *Hemba* » sont très unis pour défendre leur territoire et leurs intérêts devant toutes menaces et opportunités et la socialisation de leurs sujets se fait à cette fin. A ce propos, **Modeste Mwehu** signale que « les garçons *hemba* n'ont pas assez de temps pour s'amuser vaguement. Ils ont d'autres jeux assimilés à l'initiation, tels que s'amuser à ajuster avec l'arc à flèche non métallique « *masoma* » dans le sens d'initiation à la chasse et à la défense de la contrée »[70].

Enfin, la forte capacité de mobilisation des « *Hemba* » et l'amour de leur communauté sont un atout majeur pour le développement local et national. Aujourd'hui, ils sont toujours capables de travailler ensemble pour éradiquer l'extrême pauvreté qui sévit chez eux et s'engager vers le développement durable de leur contrée.

Culture d'autodéfense

Dès le jeune âge, les garçons « *hemba* » sont initiés à l'utilisation des armes blanches pour se défendre et attaquer chaque fois qu'il y a un danger. A la naissance d'un enfant, le premier objet que la société lui offre est l'arc, présenté devant sa poitrine et ses mains touchant la corde ; pour ainsi consacrer sa vie à l'autodéfense et à la défense.

Dans l'entraînement, les jeunes apprennent l'usage des bâtons pour parer à toute attaque et des machettes ou couteaux pour répliquer et tuer l'ennemi. Les réflexes d'autodéfense marquent

[70]M. MWEHU, Vie et mœurs chez le Peuple « Hemba » (monographie inédite), Kinshasa, 2016, p. 15

tous les sujets « *Hemba* », quels que soient leurs statuts socioprofessionnels. C'est ainsi qu'ils ne se séparent presque jamais des armes, qui les accompagnent tout au long de leur vie au village et partout où ils se trouvent. Dans un sac ou dans un tiroir du bureau, il y 'a toujours un couteau pour parer à toute éventualité.

Pour former les jeunes gens à la cruauté et à l'agressivité, des piments sont régulièrement introduits dans leur organisme par l'anus pour réchauffer leur sang et leur corps et, ainsi, les rendre plus endurants à la douleur ou à la souffrance.

La valeur sublime d'un « *Hemba* » est sa capacité de tuer les bêtes féroces ou les hommes. Dans l'histoire des « *Hemba* », la personne idole ou de référence pour tous reste un certain **Ngongo** qui avait réussi à tuer un officier militaire de la Mission de l'Organisation des Nations Unies au Congo (MONUC) à Elisabethville (Lubumbashi), en 1964. Imbu de sa prouesse, il est sorti de sa cachette en se présentant courageusement et en proclamant sa victoire : « *je l'ai tué, je l'ai tué* !», avant qu'il ne soit abattu par la MONUC.

L'agressivité et la brutalité des « *Hemba* » sont confirmées par **Modeste Mwehu**, originaire de la tribu, dans cet écrit : « Les *Bahemba* sont intelligents, d'une ténacité et d'une vitalité rares. Lorsqu'ils entreprennent quelque chose, ils l'achèveront coûte que coûte. (...) On rencontre de l'amour propre, ce qui est rare parmi certaines ethnies ; comme défauts, il y'a la cruauté, la vengeance. (...) L'histoire renseigne que le Peuple *Hemba*, en République Démocratique du Congo, a une ténacité ahurissante à tous points de vue. Ce qui explique leur présence permanente dans les articulations des organes dirigeants du pays depuis son indépendance, en dépit de leur infériorité numérique »[71].

Culture de jouissance

---

[71] M. MWEHU, *Op. Cit.*, pp. 1-2.

Les « *Hemba* », à l'instar de tous les Katangais du Nord ou les « *Balubakat* », aiment vivre dans la jouissance. Ils se conforment tous à la philosophie selon laquelle « *Furaha ya Katanga ni kula, kuvala na kunywa* », autrement dit, la joie au Katanga consiste à manger, s'habiller et boire. Cette maxime est immortalisée dans l'histoire par la chanson « *Furaha ya katanga iko wapi babwana* ! *Kula, kuvala na kunywa* ! ». Très régulièrement, les « *Hemba* » organisent des danses folkloriques pendant lesquelles ils entonnent leur chanson fétiche ci-dessus pour l'agrémentation.
Les Katangais, en général, et les « *Hemba* », en particulier, dépensent beaucoup plus pour leur jouissance quotidienne que pour des investissements durables. Les villages sont restés du type traditionnel et les nouveaux investissements immobiliers après l'indépendance sont à compter sur les bouts des doigts. Les habitants des villages dépensent les revenus de leur production pour satisfaire les besoins immédiats de manger, de s'habiller et de boire. Les autres, en dépit de leurs positions socioprofessionnelles, interviennent rarement pour le développement de leurs milieux d'origine, restés toujours dans un état rudimentaire.

2.9. Communauté des Ngwana (Arabisés)

Les « les *Ngwana* ou Arabisés» sont des originaires des territoires de Kasongo, Kabambare, Kibombo et Kailo, en Province du Maniema; principalement les communautés Kusu, Bazimba, Bangu Bangu, Zula, Binja-Kunda.
Les « *Ngwana* » habitent dans une région couverte par la forêt dense et humide, les galeries forestières et la savane boisée. La province du Maniema est traversée du Sud au Nord par le Fleuve Congo, qui draine les eaux de plusieurs affluents. Le climat y est généralement chaud et humide. La densité de la population est très faible sauf dans le Territoire de Kasongo.

La Province du Maniema vient en bonne position pour les richesses du sol et du sous-sol. Elle a un important potentiel minier avec comme principaux minerais le coltan, l'or, le diamant et la cassitérite.
Kindu, chef-lieu de la Province, est implanté dans l'espace vital des « arabisés » mais avec une plus grande ascendance des « *Lega* ».

(Vue aérienne du Fleuve Congo à Kindu)

Les « Arabisés » avaient subi l'influence des commerçants « *arabo-swahilis* » qui pénétrèrent chez eux vers 1860 à la recherche des esclaves et de l'ivoire au profit des Américains et des Européens. Ces commerçants bâtirent de grandes cités telles que : Nyangwe, Kasongo, Kabambare, Kisangani et Ubundu. Maniema reste donc le berceau de l'Islam en RDC et la plupart de ses habitants sont de culture musulmane en dépit de la présence effective des églises chrétiennes.
L'intégration et l'implantation des arabes de Zanzibar au sein des populations autochtones étaient facilitées par leur mariage avec les femmes locales et leur couleur noire. Pour **Freddy**

Mulongo, « Les populations de cette région orientale du Congo furent ainsi engagées, de gré ou de force, dans un processus d'acculturation au sein d'une nouvelle communauté dont la religion était l'islam et la langue le swahili, de souche bantoue mais intensément arabisée pour de nombreux termes de culture »[72].

C'est en 1903 que les missionnaires catholiques se sont également implantés à Kasongo pour évangéliser la population et contrer l'expansion des musulmans. Depuis, il y a tolérance et cohabitation pacifique entre les partisans de ces deux religions. De nombreux chrétiens vivent avec des parents musulmans, se marient avec des musulmans, étudient dans des écoles où les musulmans sont parfois majoritaires, etc.

L'acculturation des populations autochtones des territoires précités a profondément changé les attitudes, les comportements et les us de ces derniers, dont certains constituent des pesanteurs et d'autres des atouts pour le développement.

Les pesanteurs les plus notables pour les peuples arabisés sont :
(1) l'enclavement géographique et économique ;
(2) l'orgueil ; (3) la culture de la cueillette ; (4) la paresse, l'oisiveté et la passivité ; (5) l'exode rural et le sous peuplement et (6) la discrimination sexo-spécifique.

Selon notre analyse psychosociologique, l'initiation des jeunes filles « *umwali* » et la solidarité traditionnelle semblent quelques déterminants du développement socio-culturel à relever dans ce travail.

Enclavement géographique et économique

[72]F. MULONGO ,**Maniema, berceau de l'Islam**, http://www.congoforum.be/fr/congodetail.asp?subitem=21&id=149897& Congofiche = selected, (consulté le 20 janvier 2016 à 12 heures 30 minutes).

La Province du Maniema est enclavée au centre du pays, sans ouverture vers les pays voisins. Pendant plusieurs décennies, elle était isolée d'autres provinces à cause de l'impraticabilité du réseau routier et de la voie ferrée. A l'intérieur de la province, les territoires n'étaient pas reliés entre eux par manque de voies de communication. Chaque localité était isolée de ses voisines, le temps moyen de déplacement entre un village et son chef-lieu de territoire avoisinait un à deux jours.

L'enclavement du Maniema, en général, et des territoires des « arabisés », en particulier, a joué négativement sur le développement socio- économique de la communauté. La dégradation des infrastructures de transport explique, en partie, l'absence d'activités économiques d'envergure et le niveau de pauvreté de la population.

Sur le plan culturel et de développement local, la population ne bénéfice pas suffisamment des expériences des autres Congolais et des pays voisins comme l'Ouganda, la Tanzanie, le Rwanda et la Zambie. Dans nos précédents écrits, nous avions démontré que les expériences (surtout des pays anglophones) ont énormément contribué au développement de certaines communautés riveraines de la RDC.

Orgueil

Les peuples « arabisés » du Maniema sont reconnus pour leur orgueil manifeste constituant un frein important à leur développement. Ils sont très fiers d'eux-mêmes et se considèrent supérieurs aux autres peuples, meilleurs et premiers à tout point de vue. Ils ne peuvent jamais occuper la deuxième, la troisième ou la dernière position.

Quelques axiomes ou dictons reviennent régulièrement sur les lèvres des habitants ou originaires de cette partie du territoire national lorsqu'ils se présentent aux autres ou parlent de leur province. Ces maximes sont : « *Maniema kambelembele* »

(Maniema toujours le premier ! Maniema toujours le meilleur !) ; « *Maniema hakutoke boy* » (Maniema ne produit pas de domestiques ou pas de domestiques originaires du Maniema) ; « *Maniema, fasi shoka ililungula, mupini ikabakiya* » (Maniema, lieu où la hache brûle fondue, la manche résiste) ; « *Kila muzungu nameza yake* » (chaque blanc a sa table) ; « *Kila muhindi na ndefu yake* » (chaque maïs ou chaque *Indou* a sa barbe) ; « *Kilamamba na kivuko yake* » (à chaque crocodile son beach).

Ces différents dogmes sociaux sont tellement ancrés dans leur personnalité qu'ils n'acceptent jamais des travaux domestiques et des métiers qu'ils trouvent vils, et cela, partout où ils se trouvent. Ils refusent de travailler pour autrui ou d'être au service des autres. Ils refusent de demander des informations auprès de ceux qui en détiennent de peur que l'on découvre qu'ils sont ignorants. Par orgueil, ils préfèrent perdurer dans leur ignorance. Ils refusent de reconnaître les valeurs ou les bonnes initiatives des autres, sauf les leurs et par simple sentiment d'orgueil.

Les peuples du Maniema se reconnaissent peuples difficiles, ayant résisté à l'esclavage et à la domination des colons, ils sont capables de résister à tout, même au feu, et personne ne peut les manipuler.

A cause de leurs attitudes et comportements, les colons belges et les commerçants grecs, portugais et indo-pakistanais importaient des ressources humaines d'autres provinces de la RD Congo et ailleurs pour leurs travaux domestiques, leurs plantations et leurs magasins. Au moment où ces employés, venus de loin, avaient de l'emploi et un revenu, les hommes et les femmes du Maniema étaient restés dans la pauvreté.

En 2012, la Province du Maniema était toujours comptée parmi les provinces les plus pauvres de la RDC, selon la plupart des indicateurs de développement. Par orgueil, plusieurs personnes

de cette province vivent dans l'oisiveté, la passivité, l'attentisme et la pauvreté.
Les attitudes des « *Bangwana* » auraient été façonnées par les arabes musulmans qui avaient occupé la partie Sud de la province pendant plusieurs décennies. Ces arabes musulmans se considéraient plus civilisés que les Blancs, les Américains, les Noirs, etc., juste parce qu'ils étaient circoncis, et donc des croyants. Pour eux, les autres peuples sont des incirconcis, des païens et ils les appelaient « *kafiri* ». A l'égard d'autres peuples, les « *Bangwana* » adoptaient des attitudes et des comportements de mépris. Ce pattern ou archétype d'attitudes et de comportements perdure auprès de ces peuples.

Culture de la cueillette

La grande partie des peuples arabisés vit dans les zones forestières où les potentialités naturelles et économiques sont énormes. L'environnement naturel trop généreux offrait l'essentiel pour la subsistance de ces populations. Le matin, les gens entraient dans la forêt et revenaient avec des gibiers, des fruits, des légumes, des poissons, des chenilles, des champignons, etc. Les préoccupations pour le lendemain n'entraient pas dans leur agenda. Les problèmes étaient résolus au fur et à mesure qu'ils se présentaient sans jamais les anticiper.
Depuis quelques décennies, le contexte environnemental et socio-économique a profondément changé. A ce propos, **Fernand Tala Ngai** écrit : « (...) Qu'on le veuille ou pas, une nouvelle civilisation s'est installée et, il n'est plus permis de pratiquer la loi du moindre effort ou de se reposer sur la seule potentialité de son environnement naturel ».[73]

---

[73] F. TALA-NGAI, *Op. Cit*, pp. 60-62.

Habitués à la loi du moindre effort, les peuples du Maniema ne savent pas déployer beaucoup d'énergie pour les travaux manuels, susceptibles d'assurer leur survie et leur développement.

Paresse, oisiveté et passivité

La grande majorité des arabisés vivent dans la paresse, l'oisiveté et la passivité ; facteur qui constitue l'une des causes principales de la pauvreté de la population dans la Province du Maniema. Presque partout, ce sont les femmes qui s'occupent des activités agricoles et du petit commerce pour la survie de la famille. Les hommes, quant à eux, passent leur journée sur les chaises longues dans les hangars à se reposer, se concerter, à boire du café et de la boisson. Le Peuple « *Kumu* », habitant les territoires de Lubutu et de Punia, au Nord de la province, travaille très peu en dépit de l'immensité de son espace forestier. Le Territoire de Kasongo, au Sud de la province, est le seul à se distinguer des autres par le dynamisme et l'ardeur de sa population qui travaille beaucoup, produit beaucoup et vit dans des conditions plus décentes.

La faible participation des hommes du Maniema aux activités agricoles ou leur paresse et leur oisiveté trouveraient leur origine dans la culture arabo-musulmane. Dans cette culture, les hommes épousent plusieurs femmes comme main-d'œuvre gratuite, tandis que, eux n'attendent que les fruits des corvées champêtres de leurs épouses.

Exode rural et le sous peuplement

Les « *bangwana* » sont parmi les communautés qui ont le plus quitté leurs villages, fuyant la misère et se portant à la recherche

du mieux-être dans les milieux urbains. Les *« batoka kasongo* ou *batoka maniema* » (originaires de Kasongo ou du Maniema) sont majoritaires dans la Commune de Kisangani, Ville de Kisangani. Ils y arrivaient par train, véhicule et à pied.
Depuis l'indépendance, les hommes et les femmes valides du Maniema abandonnent leurs villages, territoires et province pour vivre dans les grandes agglomérations comme Kisangani et Kinshasa. Ils laissent derrière eux des vieillards et des invalides, incapables de produire et de combattre la pauvreté. Le Territoire de Kibombo, habité majoritairement par les « *Kusu* », est la plus grande victime de l'exode rural.
Le territoire étant devenu très pauvre, personne n'y rentre pour les investissements et la pauvreté y est croissante. Plusieurs villages sont condamnés à la disparition, les vieux terminent leur course sur cette terre tandis que les jeunes vers d'autres cieux. Aussi, l'indice de fécondité serait-il très faible. Les filles nubiles sont rares dans ce territoire et le mariage précoce est devenu fréquent. Les jeunes garçons se marient avec les femmes en situation de ménopause. La consommation exagérée des boissons fortes réduisent davantage la puissance de procréation de la population. Enfin, les villages se meurent à petit feu et la pauvreté s'enracine de plus belle.

Discrimination sexo-spécifique

Comme déjà énoncé plus haut, la discrimination sexo-spécifique indique toute exclusion ou restriction faite sur base des rôles respectifs des hommes et des femmes et de leurs relations mutuelles, privant un être humain de la pleine jouissance des droits de la personne.
L'imposition de l'Islam et de ses attributs dans une bonne partie du Maniema par les Arabes a acculturé les peuples autochtones, spécialement sur la position de la femme dans la société. La femme est exclue pour la plupart des activités et joue un rôle

dérisoire, essentiellement de ménagère, de procréatrice et l'objet de plaisir pour son mari à qui elle doit une obéissance aveugle.

L'enquête sur l'Emploi, le Secteur Informel et la Consommation des ménages (1-2-3) de 2012 ([74]) indique que 16,1% des mariés du Maniema sont des polygames. Ainsi, cette province occupe la première place suivie de l'ancienne province du Kasaï Occidental avec un taux de 10,6 %. Dans le système polygamique des Arabisés, la femme peut être répudiée sans aucune forme de procès ou d'explication. Elle est exclue des décisions sur l'organisation et le fonctionnement du foyer, de la société, de l'église où sa place est au fond de la mosquée, loin des hommes et assiste aux cultes sans y prendre une part active. Même lors du mariage religieux, la femme ne se met jamais à côté de son mari et son avis n'est requis qu'indirectement.

Bien que ne subissant pas la maltraitance physique, imposée par les « *Baluba* » à leurs femmes, la femme chez les Arabisés ne participe pas à la gestion de la chose publique. La Province du Maniema est la seule province au pays où la femme n'est pas éligible au poste politique ou de gestion. Même ses propres consœurs femmes ne peuvent porter leur choix sur elle. Depuis l'indépendance, en 1960, aucune femme n'a été élue députée provinciale ou nationale. L'Assemblée provinciale du Maniema est occupée à cent pour cent par les hommes qui peuvent prendre des décisions sur les conditions des femmes sans une quelconque opposition.

Dans les communautés des arabisés, la discrimination sexo-spécifique frappe durement la femme, qui contribue très faiblement au développement local et national, sauf par les corvées agricoles et le commerce informel. Elle est épouse dans un système polygamique pour servir de main-d'œuvre sans rémunération et apporte le meilleur d'elle pour le plaisir de

---

[74] MINISTERE DU PLAN, *Op. cit.* p. 106.

l'homme. Ce qui conditionne sa stabilité au foyer. Cette dernière obligation exige une socialisation et une formation appropriées.

Initiation des jeunes filles (« *umwali* »)

Parmi les effets de l'acculturation avec les *« arabo-swahilis »*, les communautés arabisées du Maniema et des environs de Kisangani (*Lokele*) initient systématiquement les jeunes filles à leur vie adulte. Cette initiation est appelée « *umwali* », mieux explicitée par certains auteurs natifs du milieu.

Pour **Pierre Salmon,** « *L'umwali* est une initiation qui sanctionne le passage de la jeune fille musulmane de culture swahili de l'enfance à l'âge adulte par l'éducation physique, morale, sexuelle et culinaire indispensable à une vie conjugale harmonieuse. C'est une pratique répandue et recommandée pour les filles nubiles avant le mariage, un apprentissage méthodique physique de la « *technologie* » sexuelle, un enseignement par et pour les femmes.

Plus qu'un rituel, il est surtout un réseau informel qui fonctionne, dans un village ou en milieu urbain, comme un ensemble de petits groupes féminins organisés comme des communautés de base de soutien qui perdurent durant toute l'existence des membres. Utilisant la pédagogie de « *learning-by-doing* » (apprentissage par l'action), l'enseignement « *umwali* »

comprend neuf piliers dont : (1) la technologie de la pratique sexuelle ; (2) l'hygiène du corps et du vagin ; (3) la connaissance des herbes médicinales pour combattre la candidose, la vaginite, etc., et pour assécher le vagin ; (4) diverses techniques de contrôle et d'espacement des naissances ; (5) les techniques culinaires ; etc.

La « *technologie* » de la pratique sexuelle consiste en 4 techniques principales, avec des variations introduites par des recherches personnelles des « *somo* » (instructrice) : a) le « *kupeta* » (littéralement : « vanner ») qui consiste en la maîtrise du remuement des hanches de haut en bas et de bas en haut avec une partenaire faisant fonction de l'homme au-dessus de la néophyte ; b) le « *kufyonza* » (littéralement : « sucer ») qui est fait d'exercices de contraction et de relâchement des muscles du vagin ; c) le « *kuyunga* » (littéralement : « tamiser ») qui, comme le nom l'indique, consiste en ondulations latérales à la manière d'un tamis ; et d) différentes techniques de succions (du pénis), de petites morsures, et de baisers »[75].

Pendant la colonisation, l'initiation « *umwali* » était sérieusement combattue par l'administration belge et l'église catholique, qui l'a qualifiée de société "secrète" et proto-féminisme subversif de la femme congolaise. Pour eux, l'initiation était une secte qui favorisait la prostitution, la perversion et diminuait la fécondité de la femme par l'utilisation de certaines herbes médicinales.

Pour les protagonistes, cette initiative bien conduite peut renforcer le savoir, le savoir-faire, le savoir- être et le savoir-vivre des jeunes femmes et, ainsi, les aider à bien jouer leur rôle vis-à-vis de leurs conjoints, de leurs enfants et des autres membres de la famille. Elle peut contribuer à créer de bonnes

---

[75] P. SALMON, « L'umwali : une école d'amour africaine (Zaïre) », dans **Histoire sociale de l'Afrique de l'Est (XIX-XX siècle)**, France, Editions KARTHALA, 1991 pp. 508-529.

ambiances au foyer, à stabiliser la famille, à améliorer les conditions de vie au sein du ménage et dans la société entière.
L'impréparation de la jeune fille à la vie du mariage - cas de certaines communautés dont les « *luba* et les « *nande* » - peut être cause du mariage polygamique, de l'infidélité, de la séparation ou du divorce et, par conséquent, des enfants en situation difficile, etc. Sans préparation, la jeune femme ne sait pas s'occuper convenablement de ses propres soins intimes, de son mari, de ses enfants, des visiteurs et du ménage en général.

Aujourd'hui, l'initiation « *umwali* » tend à disparaître dans la Ville de Kindu et le Territoire de Kibombo mais reste vivace dans le Territoire de Kasongo et certains quartiers de la Ville de Kinshasa. Cette éducation a été capitalisée par des femmes « *Lokele* » dans la Province de la Tshopo qui passent pour les plus réputées éducatrices.

Solidarité légendaire

Les communautés des arabisés vivent dans une pauvreté généralisée. Dans cette situation, ils ont développé un esprit de solidarité assez exceptionnel et de partage qui allège quelque peu la misère des plus démunis. Cet esprit de partage est à la fois une valeur et une norme sociale.
Partout dans les villages, l'on rencontre des hangars où les hommes passent leur temps de repos, échangent sur des questions brûlantes de l'heure, prennent des dispositions pour la gestion de leurs communautés, etc. Ils partagent non seulement les idées mais aussi les repas. Chaque femme apporte le repas en cet endroit et tout le monde mange ensemble. Celui qui n'en a pas ne souffre pas de la faim. Les passants sont également invités au repas, consommé dans le hangar, au bord de la route.
Cet esprit de solidarité peut être canalisé autrement et servir aux activités de développement communautaire. Cependant, cette solidarité légendaire peut également contribuer négativement à

l'appauvrissement des uns et à la paresse des autres et aboutir au développement de l'esprit de parasitisme et d'attentisme.

2.10. Communauté Lega

Le peuple « *Lega* » habite les territoires de Shabunda et de Mwenga dans la Province du Sud-Kivu, le Territoire de Pangi, dans la Province du Maniema et le Territoire de Walikale, dans la Province du Nord- Kivu, à l'Est du Fleuve Lualaba (Fleuve Congo), dans la zone forestière où les potentialités naturelles et économiques sont immenses. L'espace « *lega* ») est essentiellement agro-minier, car il renferme l'or, le coltan, la cassitérite, le bois, etc.).

(Danse folklorique lega)

Le peuple « *Lega* » présente certains atouts psychosociologiques dont une capitalisation rationnelle peut

permettre de combattre efficacement la pauvreté et de booster son développement. Il s'agit de : 1) la culture de la concertation ; 2) l'intégration culturelle ; 3)la cohésion et esprit de corps ;4) l'absence de discrimination sexo-spécifique.

En dépit de tous les atouts naturels, économiques et psychosociologiques, la majorité de ce peuple vit dans l'extrême pauvreté à causes de : (1) le parasitisme familial ; (2) l'initiation des jeunes garçons et l'esprit « *Kimbilikiti* » et (3) la culture de la cueillette.

Culture de concertation

Les hommes « *Lega* » passent beaucoup de leur temps dans le hangar (« *luusu* ») pour dialoguer sur diverses questions. Chaque village dispose de ce hangar. Toutes les communautés « *lega* », partout où elles se retrouvent, ont leurs cadres de concertation, de dialogue dénommés « *luusu* ». Les enfants et les jeunes grandissent dans cette culture et peuvent facilement se rencontrer et se concerter chaque fois que le besoin se fait sentir.

Le « *luusu* » peut facilement constituer un lieu d'éducation profonde où la société transmet les vrais modèles et les vrais repères humains par rapport auxquels l'on peut penser l'accomplissement total des individus et des peuples.

Le hangar en question est une autre forme de « *baraza ya wazee* » ou « « *barzade vieux* ou *communautaire* ». Il peut être une opportunité pour la mobilisation des énergies, la prévention et la résolution des conflits entre les membres ou les villages ainsi que pour la concertation sur des questions de développement local ou communautaire. La capitalisation de l'existant pour une réorganisation vers des questions plus utiles à toute la communauté et à toute la nation augmenterait son atout du développement.

Cet atout ne se retrouve pas dans la plupart des communautés ethniques en RDC, où les gens ne se rencontrent que très rarement notamment lors de certains événements dont le deuil ou la fête. Le renforcement et l'encadrement de « *luusu* » pour plus d'efficience et d'efficacité peut servir d'expérience enrichissante pour les autres peuples.

Intégration culturelle

Le peuple « *Lega* »a un fort niveau d'intégration culturelle avec toutes les personnes d'autres cultures qui ont choisi d'habiter sur son espace vital. Il accepte tout le monde sans tenir compte de son origine. D'ailleurs dans sa culture, il n'y a pas un terme pour désigner un étranger. Toute personne est appelée « *lega* » ou « *mulega* » qui signifie être humain ; contrairement à certaines communautés qui l'identifient avec des termes spécifiques et discriminatoires comme « *batoka chini, bakuya kuya*, etc. » (qui viennent du Sud, les venants).
En effet, celui qui élit domicile dans l'espace « *lega* » peut vivre comme les autochtones, se marier avec leurs filles, mener ses activités socio- économiques sans être inquiété ou rejeté. Les jeunes garçons non originaires peuvent également participer au rite d'initiation conduite par l'esprit mythique « *Kimbilikiti* ». En général, tout le monde est traité de la même manière, sans une quelconque discrimination.
Si le tribalisme et le clanisme sont reconnus partout comme des racines du sous-développement ou de la pauvreté locale et nationale, le peuple « lega », dans son terroir, intègre toutes les cultures et n'exclut personne. Cet esprit d'intégration constitue un atout majeur dont l'exploitation rationnelle peut permettre la promotion socio-économique de la communauté.

Cohésion ou esprit de corps

La Communauté « *Lega* » est une et une seule bien qu'elle partage quatre territoires dans trois provinces. Elle se distingue par sa cohésion et son esprit de corps. Tous les « *Lega* » se retrouvent régulièrement dans le cadre de la concertation et du dialogue, cadre dénommé « *luusu* ». Chaque fois qu'ils sont ensemble, ils ne font pas acception de leur origine territoriale ou provinciale.
Sur le plan politique, les « *Lega* » se reconnaissent tous derrière un leader « *Lega* ». Lorsque *Zaïdi Ngoma* était Vice-Président de la RD Congo, tous les « *Lega* » trouvaient en lui le leader. Lorsque *Benjamin Mukulungu* était ministre au gouvernement central, tous les « *Lega* » le soutenaient. Lorsqu'*Athanase Matenda* était ministre, tous les « *Lega* » se rangeaient derrière lui.
Cet esprit de cohésion ou de corps est rare dans les différentes communautés ethniques du pays qui raisonnent et agissent en fonction du clan ou de l'appartenance territoriale et provinciale.
La cohésion entre les membres de la Communauté « *Lega* » est un autre atout que les acteurs du développement peuvent facilement exploiter pour réaliser le bien-être socio-économique de tout l'espace vital de cette ethnie et contribuer au développement national.

Absence de discrimination sexo-spécifique

Le développement exige la contribution conjuguée des hommes et des femmes, sans discrimination ou exclusion. Le peuple « *Lega* » peut se compter parmi les rares communautés où la femme n'est pas exclue des décisions, des activités et du partage du bénéfice des efforts communautaires. La position de la femme dans la société « lega » a été reconnue par l'Administrateur belge **Van Overbergh**, en 1909. Pour ce dernier : « *Si l'on doit mesurer le degré de civilisation d'un* *peuple au respect dont il entoure la femme, les « Balega » méritent d'occuper une place d'honneur parmi les sociétés africaines »*[76].

En effet, la femme est respectée dans la société « *lega* ». Elle ne subit pas beaucoup de maltraitances physiques et psychologiques. Elle est consultée par les hommes et participe au processus de prise de décision au niveau de la famille et du village. Les rôles sociaux sont partagés assez équitablement entre les deux sexes.

L'attitude des hommes « *Lega* » face à leurs conjointes va à l'antipode de celle des hommes de certaines ethnies où la femme est « chosifiée », maltraitée et se trouve en situation d'incapacité totale.

Parasitisme familial et attentisme

Le parasitisme familial est la dépendance quasi totale d'un membre de famille vis-à-vis d'un autre membre de la même famille. Celui qui a plus de moyens ou qui vit dans de meilleures conditions prend en charge les autres membres de la famille pour les besoins essentiels de la vie : hébergement, nourriture, soins de santé, habillement, études, etc.

Cette pratique appauvrit la famille d'accueil, qui partage ses ressources avec les autres et favorise la paresse, l'oisiveté et la passivité autant qu'elle limite la production des biens et services. Une personne est obligée de travailler pour plusieurs autres, qui restent dans l'attentisme. Si le travail est un facteur important du développement, le parasitisme familial est un facteur du sous-développement.

Comparativement à beaucoup d'autres peuples de la RD Congo ou ses voisins directs, les « *Bashi* », la Communauté « *Lega* »

---

[76] VAN OVERBERGH, cité par B. MUKULUNGU, Monographie des « Lega » (note inédite), Kinshasa, 2016, p. 10.

est pauvre. Cette pauvreté poursuit même les membres vivant en dehors de leur terroir. Et, parmi les pesanteurs, le développement chez les « *Lega* » du parasitisme familial à outrance.

En effet, depuis la nuit des temps, le peuple « *Lega* » se singularise par la pratique des actions de coopération qualifiées le plus souvent de "solidarité traditionnelle et légendaire", qu'il s'agisse de produire, de consommer ou de toute autre activité. Dans cette culture, la prise en charge des autres membres de la famille ou de la communauté est une exigence sociale, pour laquelle les bénéficiaires ne peuvent jamais exprimer un quelconque remerciement, surtout que le mot « ***merci*** » n'existe pas dans la langue « lega ». Vouloir se soustraire à cette exigence peut entraîner des sanctions dont la plus grave est la mort dans la famille.

Chaque fois qu'un fils « *Lega* » est promu dans la vie politique ou sociale, tous les membres de sa famille cherchent à dépendre de lui. Selon certains témoignages pendant les consultations à Bukavu, en 2012, un politicien, originaire de la Communauté « *Lega* », a été nommé ministre du gouvernement central à Kinshasa. Vingt-six membres de sa famille avaient quitté le Territoire de Shabunda, au Sud- Kivu, pour aller vivre à ses dépens à Kinshasa.

La même expérience est celle d'un autre sujet « *lega* », nommé également ministre et qui a vu arriver dans sa parcelle plus de trente personnes. Après deux semaines de prise en charge, l'heureux nominé avait dû quitter sa résidence pour vivre pendant un temps dans un hôtel, stratégie pour disperser ces parasites.

Dans les villages, les uns travaillent, tandis que les autres vivent à leur dépens. Les chasseurs partagent les gibiers avec les autres membres de la communauté. D'ailleurs, l'animal est partagé avant qu'il ne soit abattu. D'office, le chef du village connaît sa

partie, un autre membre a droit à telle ou telle partie de l'animal.
Le parasitisme familial, autrement qualifié par les « *Lega* » comme solidarité mutuelle ou amour du prochain, est une grande pesanteur pour le développement. Pour nous, c'est plutôt une « solidarité négative ». Car, les uns travaillent dur pour la survie de leurs familles, en même temps pour celle des parasites ; tandis que d'autres végètent dans la paresse, l'oisiveté et la passivité, entraînant la limitation de la production de toute la communauté. Les charges de ménage deviennent énormes pour certains et amenuisent leurs capacités d'investissement. Parfois, ces derniers sont obligés d'adopter des comportements inciviques (détournement des deniers publics, corruption, concussion, clientélisme, etc.) pour répondre aux demandes pressantes de la grande famille. Voilà comment le parasitisme appauvrit la Communauté « *Lega* » ou quelques-uns de ses membres !

Initiation des jeunes garçons et esprit « Kimbilikiti »

L'initiation des jeunes à la vie adulte chez les « Lega » se fait par le rite dénommé « *Bwali* », l'un des rites les plus anciens de la multitude des tribus présentes en RD Congo. Le rite rassemble les jeunes garçons Lega, dont certains viennent de l'Europe, de l'Amérique et d'autres contrées du monde. Il se déroule en réclusion dans la forêt pendant environ trente jours et les jeunes gens sont tenus de garder un secret total sur tout ce qui se passe pendant la durée de leur séjour en forêt. Les conversations sur ce sujet se passent en principe entre les initiés seulement, c'est-à-dire les personnes qui ont déjà participé à ce rite. Théoriquement, les non-initiés ne savent pas ce qui se passe tant qu'ils n'auront pas vécu leur propre expérience.
Selon **Barthélemy Kirosho**, « L'autorité suprême du rite est l'esprit mythique, dit *« Kimbiliki »*, le dieu des « Lega »,

l'incarnation de l'identité de la tribu Lega. Ce dieu est censé protéger la culture lega, centrée sur la solidarité mutuelle et sur l'amour du prochain. Il a le droit de vie et de mort sur les individus. Il peut interdire toute activité dans la région où se passe l'initiation»[77].

Tout homme « *Lega* » doit passer par les épreuves de ce rite pour entrer dans la communauté des adultes. Dans le cas contraire, aucune responsabilité ne peut lui être confiée, ni dans la vie sociétaire, ni dans la sphère politique. Depuis la nuit des temps, cette initiation est de rigueur et est principalement marquée par la circoncision des jeunes garçons, opération qui différenciait les « *Lega* » des autres peuples dont les « *Bashi* » et les « *Banyarwanda* ». L'initiation se termine toujours par le test de virilité. Tous les sujets essaient leur capacité avec la femme mythique de « *Kimbilikiti* », appelée « *Kabile* ». Les cas d'insuffisance sont directement renforcés par les initiateurs avant le retour au village. Après une longue communion et instruction, l'esprit « *Kimbilikiti* » quitte le groupe pour rejoindre un autre et préside également son initiation.

Pendant trente jours sur trois cent soixante-cinq, tous les villageois évitent de fréquenter l'espace de la forêt occupé par « *Kimbilititi* » et ses ouailles. Des dépenses énormes sont engagées pour la cérémonie. Les fêtes sont organisées partout au début et à la fin du rite. Pendant cette période, généralement en cours des vacances scolaires, la population consomme les réserves agricoles. En outre, les morts, les lésions, les traumatismes, etc. sont légion dans la forêt et personne ne peut en parler.

---

[77] Barthélemy KIROSHO, Le Bwali, rite initiatique de la tribu lega, en RD Congo, www.agoravox.fr/tribune-libre/acticle/le-bwali-rite-initiatique-de-la-13114, (consulté le 24 novembre 2015 à 14 heures 30 minutes).

Psychologiquement, l'initiation chez les « *Lega* » est une grande école de formation de la personnalité. Pendant ce temps, les jeunes passent de dures épreuves et sont préparés à assumer leurs responsabilités dans le foyer et dans la société. Cependant, sur le plan économique, cette initiation appauvrit les villages et, certainement, les participants. Elle est une tradition de longue date qui n'a presque pas évolué, en dépit des changements scientifiques, technologiques et autres.
Enfin, l'esprit mythique « *Kimbilikiti* » peut être un moteur ou un frein du développement. Il a un leadership absolu, incontestable et la capacité de mobilisation de tous les « *Lega* » autour d'un idéal, bon ou mauvais.

Culture de la cueillette

Les territoires de Pangi, Mwenga, Shabunda et Walikale, terroir du peuple « *Lega* », sont couverts par la forêt équatoriale avec toute sa biodiversité. Pendant des siècles, les « Lega » ont vécu dans l'abondance des naturelles et richesses économiques sans fournir d'importants efforts physiques et intellectuels.
Chaque jour, les gens entraient dans la forêt et revenaient avec des chenilles, des champignons, du gibier, des poissons, des oiseaux, des fruits, des légumes et du bois pour les besoins quotidiens de leurs familles. Ils pêchaient, tuaient, récoltaient, cueillaient, mangeaient et vivaient au jour le jour sans avoir élevé, semé ou planté.

Aujourd'hui, l'environnement n'offre plus toutes ces facilités à cette population, qui s'est beaucoup accrue et doit cultiver, semer, élever, récolter, etc. pour assurer sa survie. Le passage de la culture de la cueillette à la culture du travail productif ou d'agriculture n'est pas sans heurts pour les « *Lega* ».

La culture de la cueillette est donc l'une des racines profondes de la pauvreté des « *Lega* », de leur paresse et de leur parasitisme familial. Ne sachant pas s'adonner à fond aux travaux agricoles, beaucoup de « *Lega* »n'ont pas de greniers pleins comme leurs voisins « *Shi* » dont les récoltes de bananes, d'haricot et d'autres légumineuses sont abondantes.
Les agriculteurs «*Shi* » les qualifient de paresseux et les sous-estiment. D'ailleurs, les hommes « *Lega* » (exclusivement) passent une bonne partie de leurs journées en échangeant sur les proverbes ou en palabrant dans le « *baraza* » sans travailler, croyant veiller sur la stabilité et l'équilibre social de leur peuple.

2.11. Communauté Shi

Le peuple « *Shi* » habite la partie montagneuse de la Province du Sud-Kivu, dans les territoires de Walungu, Kabare et une partie de Mwenga. C'est un peuple bien organisé et structuré autour d'un chef tout puissant et suprême, appelé « *Mwami* ».

Dans la structuration de ce peuple, l'on distingue la classe qu'on peut appeler «*bourgeoise*», constituée du Mwami, qui est le garant et le propriétaire de tout, et les « *baluzi* » qui sont d'habitude ses propres frères, qui participent au privilège en gérant des vastes domaines qu'ils distribuent à qui ils veulent. Certains « *baluzi* » vivent à la cour royale, d'autres ailleurs, dans une aire du « *Bushi* » pour diriger un groupement au nom du « *Mwami* ».
Les « *Shi* » vivent essentiellement de l'agriculture, de l'élevage et du commerce dans un espace suffisamment peuplé où l'accès au capital naturel pose un sérieux problème.

Les pesanteurs gênantes pour le développement de ce peuple sont : (1) la tradition de l'accès à la terre, (2) le conflit identitaire et (3) le clanisme ou le *« collinisme »*.
Cependant, dans la Province du Sud- Kivu, la région la plus développée est celle des montagnes habitées par les « *Bashi* ». Le développement du « *Bushi* » (milieu des « *bashi* ») a pour déterminants importants : (1) le travail et l'endurance ; (2) l'esprit associatif et (3) le goût du risque.

Travail et endurance

Les « *Bashi* » sont des travailleurs très endurants qui produisent pour leur autosuffisance alimentaire et vendent le surplus aux peuples voisins, principalement les « *Lega* », un peuple assez paresseux. En dépit des conditions physiques difficiles (climat très froid et montagnes partout), les « *Bashi* » pratiquent l'agriculture vivrière, pérenne et élèvent des bœufs qu'ils vendent sur pieds jusqu'à la Province du Maniema.

Pendant la colonisation, les « *Bashi* » avaient attiré l'attention des Belges et, surtout, des missions catholiques qui ont beaucoup investi dans leur milieu. Ils ont étudié en masse, travaillent avec assiduité et se confirment dans leurs fonctions. La Ville de Bukavu et presque tous les villages du « *Bushi* »sont modernisés et la population vit dans de meilleures conditions socio-économiques, comparativement à d'autres communautés du Sud- Kivu.

Esprit associatif

Le mouvement associatif, les organisations paysannes, les organisations non gouvernementales de développement, les coopératives et même la société civile ont pris leur origine dans le Sud- Kivu et plus précisément dans le « *bushi* ».

Dans presque tous les villages, les gens s'organisent pour travailler, produire et commercialiser ensemble. Ils forment des syndicats pour défendre leurs droits à tous les niveaux. Les coopératives d'épargne et de crédit les plus puissantes et qui avaient fait office des institutions bancaires pendant la grave crise économique qu'a connue la RDC se comptaient chez le « *bushi* ». Les mutuelles de santé, modèles pour le pays et le monde, se retrouvent dans cette partie du territoire national. Les exemples de l'esprit associatif des « *bashi* » sont légion et déterminants pour le développement local.

Goût du risque

Les « *Bashi* » prennent facilement le risque partout où leurs intérêts politiques et économiques constituent des enjeux notables. La Ville de Bukavu et leur espace de vie « bushi » se sont plus développés pendant les conflits armés à cause de toutes sortes de risques qu'ils ont pris sur le plan politique et économique.

Pendant les conflits armés de la décennie 1990 et 2000, ils ont adopté des stratégies conséquentes pour s'y impliquer et éviter le pire. Ils ont développé des activités économiques à l'extérieur et à l'intérieur qui ont permis à la Ville de Bukavu, délaissée sous le Régime dictatorial de Mobutu, de prendre l'élan et de se classer parmi les villes les plus actives du pays.

Grâce à ce goût de risque, les « *Bashi* » ont développé des activités commerciales un peu partout. A ce propos, voici leur déclaration lors de la Conférence sur la Paix à Goma : « Même durant cette dernière décennie de guerres et de souffrances, les « *Bashi* » ne se sont pas découragés. En effet, malgré les troubles et les exactions des groupes armés multiples, ils ont lutté pour soutenir l'économie provinciale en fournissant divers produits manufacturés et même en élargissant les échanges avec les autres provinces, notamment le Katanga, le Maniema, et surtout, le Nord Kivu où ils achetaient, auprès des éleveurs, des vaches et beaucoup d'autres produits destinés à l'alimentation des marchés situés dans les autres territoires. Partout, les gens disent, pour admirer ce courage des *Bashi* :*Ba Mushi banakuya, soko inaanza* ! (Les Bashi sont là, les activités commerciales reprennent) »[78].

Tradition de l'accès à la terre

Dans le « *bushi* » ou l'espace vital des « *Bashi* », toute la terre appartient au roi ; c'est lui qui donne à chaque « *Mushi* » une portion de terre et celui-ci, en retour, lui doit régulièrement reconnaissance par des travaux et des dons en nature (produits de champs ou d'élevage).
Ce pouvoir illimité du « *Mwami* » sur la terre et la redevance trop importante que chaque sujet devrait lui payer ont été combattus par le Président Mobutu sous la deuxième République, mais la tradition de l'accès à la terre n'a pas significativement changé. Les « *Bashi* » doivent toujours des redevances pour l'accès à la terre. Cette variable constitue jusqu'à présent une pesanteur qui freine le développement socio-économique du « *bushi* ».

Conflit identitaire

[78] KAKURA B., *Op. cit.* 2008, p. 61.

La question de la nationalité congolaise est très âprement discutée au Kivu et reste une question de vie et de mort. A ce propos, **Ludo Martens** écrit : « Les questions ethniques et la question de la nationalité au Kivu sont fort compliquées. Elles portent le poids de l'histoire avec ses conflits et ses massacres. Elles portent également le poids de grands mythes qui rendent aveugles les plus grands intellectuels ».[79]

Le peuple « *Shi* » vit dans ce conflit identitaire depuis plusieurs siècles. Entre le 14ème siècle et la Conférence de Berlin en 1885, le Royaume des « Bashi » a subi plusieurs expéditions des « *Banyarwanda* » pour annexion à leur royaume, mais sans succès à cause de la riposte de ce peuple, bien organisé et puissant.

Entre 1937 et 1954, les Belges ont organisé l'immigration des Tutsi et des Hutu rwandais sur le territoire du Kivu avec facilité de devenir Congolais et propriétaires terriens. **Spitaels**, le Commissaire du District du Kivu, écrit, en 1952 : « Nous considérons que l'établissement des migrants établit les droits fonciers de la première occupation et que cette forme spécifique d'appropriation de terre équivaut à la propriété. Des droits fonciers individuels sont en général acquis en travaillant cette terre. Le migrant qui reçoit une portion de terre sur une colline aura le droit d'occupation et d'utilisation exclusive de cette terre ».[80]

Après l'indépendance de la RD Congo, en 1960, plusieurs « *Banyarwanda* » ont continué de s'implanter dans la Province du Kivu et à mener le combat pour obtenir la nationalité congolaise. Pour eux, l'occupation des fonctions politiques est la voie la mieux indiquée pour y parvenir. De multiples lois ont été adoptées et modifiées sur la nationalité congolaise, en

---

[79] LUDO M., Kabila et la révolution congolaise. Panafricanisme et néocolonialisme, Anvers, Editions EPO, 2002, p.127.

[80] SPITAELS, cité par LUDO M, *Op. cit.* p.141.

fonction des influences politiques de ce peuple et de la Communauté internationale. En dépit de tout, cette question est loin de dénouer le conflit identitaire au Kivu, en général, et dans le « *bushi* », en particulier.

Depuis la nuit des temps, la question identitaire préoccupe énormément ce peuple et constitue une pesanteur permanente pour son développement. La population passe beaucoup de temps à prévenir et à gérer les conflits avec les voisins.

Pendant les deux dernières décennies, le « *bushi* » a accueilli des groupes armés étrangers (*Interhamwe*, FDLR) qui ont massacré, violé et détruit les infrastructures socioéconomiques héritées de la colonisation. Pour se défendre et combattre la pénétration et l'implantation des « *banyarwanda* », les villages constituaient leurs milices. Ces milices étaient même devenues des forces négatives et des freins pour le développement local. Ce fait a été confirmé lors de la Conférence sur la Paix, la Sécurité et le Développement des Provinces du Nord- Kivu et du Sud-Kivu, organisée à Goma en janvier 2008, en ces termes : « Des bandes armées locales terrorisent aussi les populations locales. Il s'agit essentiellement des résidus de la milice « *Mudundu 40* » qui collabore avec les forces négatives étrangères et qui agissent sous leur couvert »[81].

Pour certaines personnalités, la volonté et l'obsession d'annexer le « *bushi* » au Rwanda sont permanentes. Un courant assez récent évoque : « L'occupation partielle du territoire congolais par les ressortissants tutsi, conformément aux termes du plan conclu à Lemera en 1996-1997 entre l'AFDL et le Rwanda (…) et la création prochaine de la République Indépendante du Kivu ».[82]

---

[81]KAKURA B., La Conférence sur la Paix, la Sécurité et le Développement dut Nord- Kivu et du Sud- Kivu (rapport inédit), Kinshasa, 2008, p. 64.

[82]LUDO M., *Op. cit.* p. 371.

En dépit des efforts de la pacification du pays, le « *bushi* » vit et vivra encore dans la hantise de l'occupation de son territoire, une obsession qui pèse lourdement sur son développement. De tout ce qui précède, il y a lieu d'affirmer, sans ambages, que la paix et la sécurité dans cette partie du pays restent précaires.

Clanisme ou « collinisme »

Si le conflit identitaire oppose depuis des siècles les « *Bashi* » et les « Banyarwanda », un autre type de conflit a pour nom le clanisme ou le « *collinisme* ».Les « *Bashi* » peuvent former un bloc pour résister contre les voisins rwandophones, mais, à l'intérieur de leur communauté, ils sont divisés et vivent dans des discriminations intenses entre les clans. Leur région étant composée de mille collines, chaque clan occupe une colline et l'identité de chaque « *shi* » est connue par sa colline d'origine.
L'exclusion des membres n'appartenant pas à son clan et le favoritisme aveugle des frères et sœurs de la même colline est également un frein au développement intégral du peuple et de toute la région.

2.12. Communauté Nande

Le peuple « *Nande* ou *Yira* » vit au grand Nord de la Province du Nord- Kivu, dans les territoires de Lubero et de Beni, une grande partie dans des zones de haute altitude, de très basse température et de savane une petite partie dans la région de forêt, à proximité de la Province de l'Ituri.

C'est le peuple qui a réussi à vaincre la pauvreté et à améliorer sensiblement ses conditions de vie dans les domaines économique, sanitaire, éducationnel, alimentaire, de logement, etc. Les deux activités dominantes de ce peuple sont

l'agriculture et le commerce, caractéristiques principales de la tribu « *Nande* ». Aujourd'hui, surement, le « *Munande* » fait la curiosité de beaucoup de monde au vu d'une certaine prospérité de son milieu d'origine et qu'on ne retrouve presque nulle part au pays.
Plusieurs facteurs expliquent l'émergence socio-économique des « *Nande* », parmi lesquels : (1) le travail et l'endurance ; (2) l'esprit d'auto développement ; (3) l'esprit associatif et la solidarité ; (4) l'esprit d'initiative ou d'entreprise et le goût du risque ; (5) l'humilité, l'honnêteté et la sobriété (austérité) ; (6) le pacifisme et l'attachement aux valeurs socioculturelles et économiques ; (7) l'esprit d'émulation ; (8) la culture de concertation et de réconciliation.

Travail et endurance

Le peuple « *Nande* » est un peuple travailleur, qui se prend en charge en construisant seul ses infrastructures routières, et dont le renom d'entrepreneur et de commerçant se chuchote au-delà des monts et des rivières.
Homme, femme et enfant travaillent au champ, source de vie et de richesse. Le matin et en dépit du froid excessif, tous montent sur les flancs des montagnes ou descendent dans les bas-fonds pour cultiver les champs, récolter les produits et ramasser les bois de chauffe. Au départ, la femme porte le bébé au dos et au retour, le bébé sur la poitrine et le fardeau au dos. Les enfants transportent les outils de travail et les produits des champs. Avec toutes ces charges, ils grippent les montagnes et descendent.
Les activités champêtres sont les sources de l'enrichissement du peuple « *Nande* ». Les « *Nande* » deviennent richards par la production et la commercialisation des produits agricoles qu'ils

n'abandonnent jamais tout au long de leur vie. En dehors des professionnels des métiers, les autres activités de construction, de menuiserie, de mécanique, de développement, etc. sont généralement exercées dans les après-midi, après le travail de champ.

(Un cultivateur Nande revient de sa corvée champêtre)

Contrairement à d'autres peuples, les femmes participent, aux côtés des hommes aux travaux de réhabilitation ou d'entretien des routes et pistes agricoles, à la construction des maisons en durable…Elles fabriquent les briques et les tuiles, mélangent le ciment avec du sable et servent même comme maçons et menuisiers.

Ailleurs, nous avions noté ce qui suit : « Le peuple *Nande*, au Nord-Kivu, est parmi les rares peuples en RDC qui sont habitués à travailler jour et nuit et tous les jours. Pour certains ouvrages, ils organisent des travaux en chaîne avec la participation des hommes, des femmes et des enfants jusqu'à leurs achèvements. C'est notamment, le travail de bétonnage de différents niveaux des immeubles en étage, utilisant jour et nuit trois équipes d'environ cent personnes hétérogènes, sous un même commandement. Ce travail est agrémenté et rythmé par la musique »[83]. Cette organisation est illustrée sur la photo ci-après.

(Construction d'une maison en étage à Beni, au Nord-Kivu)

Esprit d'auto développement

Le « *Munande* » a pour vision sa promotion, son élévation, son développement sans nécessairement compter sur les apports des autres membres de sa communauté. Cet état d'âme est contraire au parasitisme familial, à l'attentisme, au fatalisme, à l'accommodation, à la passivité, pesanteurs rencontrées auprès de plusieurs groupes ethniques en RD. Congo.

L'esprit d'émulation anime chaque personne qui cherche à devenir comme une autre qui a réussi dans sa vie, contrairement aux peuples « Luba » et « Kongo » qui tirent la ficelle vers le bas. Le même sentiment anime chaque village ou quartier qui

[83]B . KAKURA, *Op. Cit.*, p. 293.

s'organise et travaille pour imiter le voisin et mieux faire pour se classer en meilleure position.
C'est dans ce contexte que la pauvreté extrême est rare dans cette partie du pays et que presque tous les villages vivent avec le minimum du bien-être social et économique.

Esprit associatif et de solidarité

Les efforts personnels pour l'auto développement sont renforcés par l'esprit associatif et de solidarité. Les « *Banande* » sont communautaristes, toujours prêts à œuvrer ensemble et pour des intérêts communautaires ou pour les autres. Celui qui est responsable d'une entreprise associe les autres membres de sa famille par des emplois rémunérateurs et pour améliorer leurs conditions de vie. Le commerçant associe les autres frères et leur donne des moyens pour leur auto promotion.
Dans les villages ou les quartiers des villes, les « *Yira* » se mettent facilement ensemble pour exercer des activités de développement communautaire. Les éclairages sont assurés dans les villes de Beni et Butembo ainsi que les agglomérations par certaines personnes qui disposent des groupes électrogènes et distribuent l'énergie électrique aux voisins.
Dans cette partie du pays, cet esprit associatif a permis la réalisation de grands travaux de développement communautaire : les sources d'eau de boisson améliorées, les routes de desserte agricole praticables, l'habitat du type amélioré avec des matériaux durables, les centres et postes de santé, les écoles rapprochées des élèves, les institutions de micro finances, la culture d'épargne et d'investissement, les mutuelles de santé pour l'amélioration de la protection sociale, etc.
Un adage populaire ne dit-il pas que « *L'union fait la force* ? ». Cet adage est soutenu par le **Pape Paul VI,** qui déclare : « La

seule initiative individuelle et le simple jeu de la concurrence ne sauraient assurer le succès du développement »[84]

Esprit d'initiative ou d'entreprise et le goût du risque

De par leur nature et leur socialisation, les « *Nande* » savent prendre des initiatives et créer des entreprises pour leur survie et leur enrichissement. Profitant de la paresse et de la passivité d'autres peuples, les « *Nande* » ont bravé tous les risques d'insécurité et des conditions environnementales et exploré une bonne partie du territoire national. Ils se sont installés dans les Territoires d'Irumu et Mambasa, en Province de l'Ituri ; dans les territoires de Bafwasende, d'Isangi et d'Ubundu, en Province de la Tshopo ; dans les provinces du Haut- Uélé, du Bas-Uélé, de la Mongala, du Nord- Ubangi, du Sud-Ubangi et ailleurs.
Partout où ils se sont installés, ils ont pris des initiatives que les autochtones ne savaient prendre et qui permettent à chacun d'améliorer ses conditions d'existence. Ils exploitent de grands champs, construisent des boutiques, tiennent des restaurants, vulgarisent les énergies renouvelables dont les panneaux solaires, alimentent les contrées avec des produits manufacturés rares, organisent des transports en commun, créent des postes de santé, ouvrent des comptoirs d'achat des matières précieuses, etc. Ainsi, par leurs initiatives, ils améliorent leurs conditions de vie, réduisent la pauvreté dans les contrées, se font facilement accepter et s'installent durablement, sans entrer en conflit ouvert avec les autochtones.

Humilité, honnêteté et sobriété (austérité)

---

[84]PAUL VI, *Le développement des peuples. Popularum progressio*, Kinshasa, Editions St. Paul Afrique, 1977, p.36.

Le « *Munande* » est un homme humble, honnête et sobre, quel que soit son statut social, économique ou politique.

Le plus riche de tous ne se vantera jamais de son abondance, mais dira « *hakuna kitu* » (il n'y a rien, ce n'est pas grand 'chose, etc.). Hormis son habitation qui peut être luxueuse, son mode de vie n'est pas extravagant. Il travaille de sa propre main, cultive le champ avec sa femme et vit comme toute autre personne.

Dans notre recherche doctorale, nous avions évoqué l'étonnement d'un Chef de Division, un sujet « luba », sur l'humilité d'un commerçant « Nande ». Dans un atelier de travail à Mbuji-Mayi, Il raconta à ses frères et sœurs ceci : « *Une fois, j'ai effectué une mission de service entre Goma et Butembo, à bord d'un camion de marchandises. Moi et une femme étions dans la cabine au côté du chauffeur alors que tous les autres passagers étaient sur la carrosserie. Arrivé à Butembo, le véhicule entra dans une grande parcelle, très luxueuse avec une dizaine de véhicules à l'intérieur. Subitement, je vis des travailleurs venir accueillir quelqu'un qui descendait de la carrosserie et qu'ils appelaient patron. Cet homme était habillé en culotte et sali par les poussières du voyage. J'ai compris, enfin, que j'avais voyagé avec un richissime homme à bord du même véhicule, lequel m'avait accueilli chaleureusement dans sa résidence et m'offrit une chambre de luxe pendant tout mon séjour de travail dans la Ville de Butembo* »[85].

Ses frères « Luba », qui le suivaient religieusement, s'étonnaient du niveau d'humilité de ce grand patron. Au même moment, ils se sont mis à critiquer les attitudes et les comportements d'orgueil de leurs frères d'ethnie.

Le « *Munande* » est généralement un homme honnête et à qui l'on peut facilement faire confiance et confier des

---

[85] B. KAKURA, *Op. cit.* p. 266.

responsabilités même de gestion financière sans beaucoup d'inquiétude. Par leur honnêteté, ils se mettent ensemble pour des activités commerciales, confient la responsabilité de gestion à une personne qui leur en fait le rapport régulièrement. Pour des exportations et importations, un seul opérateur économique peut agir en lieu et place de plusieurs autres, réduisant ainsi certaines charges.
Le « *Yira*» est sobre dans sa vie de tous les jours et dans toutes les circonstances. Il dépense très peu pour des choses pas très utiles, sauf pour sa boisson après sa corvée quotidienne. A la plupart des demandes, il répond « *hakuna franga* !» (il n'y a pas d'argent !), même s'il détient beaucoup de billets de banque dans sa poche.
De manière générale, le sujet « *Nande* » comprime les dépenses courantes et épargne plus pour accroître sa capacité d'investissement. Celui qui a un camion, le gère pour en obtenir un deuxième et un troisième. Celui qui possède un hôtel le gère pour en construire un deuxième et un troisième. Ce comportement adopté par la majorité des membres de la Communauté « *Nande* » a énormément contribué à la réduction de leur pauvreté et à celle de tout leur groupe ethnique. Des grandes villes et agglomérations sont érigées par leurs propres investissements, sans attendre le gouvernement ou la Communauté internationale.

Pacifisme et attachement aux valeurs socioculturelles et économiques

Les « *Nande* » sont très attachés à leur culture, à beaucoup de valeurs sociales et à la paix. Cet attachement les distingue des autres communautés ethniques dela RD Congo. Partout où ils vivent (Beni, Lubero, Goma, Kisangani, Kinshasa, Europe), les « *Nande* » apprennent la langue « *Yira* », leur culture et s'y attachent solidement. Dans cet exercice, ils organisent à Kinshasa, depuis 2007, les Semaines Culturelles Nande (SECUNA) pour mettre en valeur la culture « *nande* », retracer son histoire et en donner les grandes œuvres.

En effet, les principales valeurs culturelles « *nande* », opposables à tous selon la coutume, sont la langue, la vie communautaire au sein de la famille ou du clan, l'attachement à la terre, la vénération ou le respect des ancêtres, la solidarité entre les membres, etc. Les «*Nande* » s'évertuent effectivement à conformer leur vie à leurs normes morales et culturelles.

A ce propos, **Emery-Justin Kakule Muvana** écrit : « *Le nande est tenu à l'observance de la loi coutumière par la soumission aux interdits. Leur strict respect est à la base de la paix et de la concorde au sein de la communauté humaine, de la famille, du clan. Leur violation, par contre, entraîne des sanctions au sein de la communauté même. Cette notion n'est pas loin de celle du tabou, qui est l'interdit de l'ordre religieux, social et moral, lié à quelque chose de prohibé dans une société donnée.*

Malgré la rigueur morale, il n'est pas étonnant de voir certains membres de la communauté dévier du droit chemin en transgressant la loi coutumière. C'est cette déviation que le nande traduit par le concept 'erilolo', c'est-à-dire faute, manquement, transgression, péché.

De ce chef, la culture nande considère comme faute, 'erilolo', tout manquement volontaire ou non, à n'importe quelle prescription ou défense coutumière et qui est sanctionné du moment qu'il est connu des autres. La transgression des pratiques de la coutume et le non-respect des valeurs communautaires constituent un motif suffisant de condamnation pour un nande. Pour ce dernier, en effet, le pire des maux est ce qui tue la vie en communauté, celle-ci étant le plus grand trésor hérité des ancêtres. De ce fait, tout acte qui brise la communion clanique ou familiale et qui frise la promotion de la vie humaine est ce que le nande qualifie de faute morale ».[86]

Esprit d'émulation

Le « *Munande* » a un esprit d'émulation ou de compétitivité dans les affaires. Il cherche toujours à pénétrer les secrets de la réussite des autres pour imiter, faire mieux et s'auto développer. Il n'est jamais jaloux des résultats ou des succès d'autres personnes. Il ne tire pas les ficelles vers le bas comme certaines communautés de la RDC où la réussite devient un danger de mort ou de malédiction.
Cet esprit d'émulation a permis à beaucoup de « *Nande* » d'étudier, de produire davantage, d'accroître les richesses et de vivre le plus dignement possible. Ce sentiment qui anime les sujets « *Nande* » dirige également les villages et les agglomérations qui disposent de l'essentiel des équipements sociaux, sans recourir aux services des autres villages ou agglomérations.

Les inégalités criantes entre les individus, les villages et les clans provoquent la jalousie et les conflits sociaux, parfois sanglants, tels que constatés chez les « *Luba* », les « *Tetela* » et les « *Songye* ». Par contre, l'esprit d'émulation des « *Nande* » est un facteur de stabilité sociale, de cohabitation pacifique et de développement local et communautaire.

Culture de concertation et de réconciliation

[86] E.J. KAKULE M., La symbolique du Mbanulo chez les Nande, http://www.congoforum.be/fr/congodetail.asp?subitem=20&id=31018&Congofiche=selected (consulté le 20 janvier 2016 à 14 heures).

Les « *Nande* » se concertent le plus régulièrement possible sur toutes les questions politiques, économiques, sociales et culturelles les concernant et à travers le monde. Leur association culturelle « *Kyanghanda* » est un système traditionnel et particulièrement influent, mettant ensemble tous les « *Nande* » sans discrimination basée sur le sexe et l'âge. Cette organisation, vieille de plusieurs décennies très stable, est parfois appelée « couloir de paix chez les Nande ».

La culture de concertation du peuple Nande a été mise en exergue par **Hans Rouw** et **Rens Willems,** pour qui : « Les communautés liées par le système « *Kyaghanda* » parlent de questions liées au développement (santé, alimentation, enseignement, sécurité) et [ceci] joue un rôle important dans la communauté. Les groupes « *Kyaghanda* » se réunissent toutes les semaines et l'organisation est soutenue au niveau international par la communauté Nande vivant en Europe, aux États-Unis et au Canada, en plus de son siège régional à Beni »[87].

A travers cette association, les « Nande » se concertent régulièrement, résolvent les conflits entre eux et peuvent se réconcilier sans faire recours aux cours et tribunaux. C'est une autre forme de « *Barza communautaire* » pour la prévention et la résolution des conflits. C'est également un carrefour pour la planification et le suivi-évaluation des actions de développement de leurs contrées ainsi que pour la promotion socio-économique et politique des membres de la Communauté « *Nande* »

La Communauté « *Nande* » est, sans conteste, modèle pour le travail, le respect des valeurs culturelles, l'auto-prise en charge, le développement communautaire, etc. Cependant, tout n'est

---

[87] HANS ROUW et RENS WILLEMS, Interconnexion entre la sécurité des communautés et les programmes de Démobilisation, Désarmement et Réintégration (DDR) : une étude de terrain au Congo Oriental (RDC) », Université d'Utrecht, 2010, p. 22.

pas rose chez ce peuple. Quelques comportements et pratiques culturelles constituent des pesanteurs pour sa propre promotion et pour le développement de la nation congolaise. Il s'agit de : (1) la tradition de l'accès à la terre ; (2) la surpopulation et (3) le tribalisme, le clanisme ou le « collinisme ».

Tradition de l'accès à la terre

De manière générale, la terre est la principale source de production, d'accroissement de revenus et de satisfaction des besoins de la grande majorité de la population congolaise. Les difficultés d'accès à la terre sont à la base de la pauvreté. Chez les « *Nande* », l'accès à la terre est conditionné par le paiement d'une redevance.

Les territoires de Lubero et de Beni sont surpeuplés et l'accès à la terre est un sérieux problème pour la population. Le paiement de la redevance pour une exploitation saisonnière en constitue un autre.

L'enquête sur les conditions de vie socioéconomique des ménages du Territoire de Lubero, en 2008, révèle que : « Chez le peuple Nande, la terre appartient aux chefs coutumiers et à quelques individus qui mettent une partie de leur propriété en location généralement pour usage agricole. Ces individus sont appelés propriétaires terriens. Les locataires des terres paient, chaque année ou chaque saison agricole, une chèvre, un montant d'argent ou une quantité de récolte bien convenus »[88].

L'accès à la terre est davantage difficile pour la femme « *Nande* », très soumise à la coutume. Le rapport de la même enquête est explicite à ce propos : « Dans l'ensemble, 73 % de la population du Territoire de Lubero ne reconnaissent pas

---

[88] CACUDEKI, Enquête sur les conditions de vie socioéconomique des ménages du Territoire de Lubero (rapport inédit), Butembo, Cacudeki, 2009, p. 112.

qu'une femme peut devenir propriétaire terrienne. Ce droit ne lui est pas reconnu par la société. Cependant, 27 % des sujets lui reconnaissent ce droit. Il s'agit ici essentiellement des cas des femmes qui deviennent propriétaires par paiement de redevance aux vrais propriétaires terriens »[89].

Surpopulation

Les territoires de Lubero et de Beni sont parmi les plus peuplés de la RD Congo et le peuple « *Nande* » est parmi les plus féconds. Cette réalité peut être appréhendée par la fécondité ou le nombre d'accouchements de la femme. En effet, la fécondité est un domaine d'étude démographique que l'investigation touche à partir du nombre d'accouchement de la mère. Cette variable influe sur la santé de la mère et les conditions de vie sociales et économiques ainsi que la croissance démographique en général.

L'enquête précitée[90] indique que le nombre d'accouchement de la femme du Territoire de Lubero varie entre 8,8 et 5,5 enfants, soit une moyenne de 6,6 enfants, largement supérieur à l'indice de fécondité de la femme congolaise qui est de 6,1.

Ces deux territoires (Lubero et Beni) sont donc surpeuplés, surtout dans les hautes terres où il fait très froid. Ce surpeuplement entraîne la pauvreté de la population, obligée de chercher un autre espace de vie dans les basses terres, dans les territoires de Mambasa et d'Irumu, en Province d'Ituri, dans les territoires de Walikale, Masisi et Rutshuru. Ce « glissement » de la population « *Nande* » dans les espaces de vie d'autres communautés autochtones est cause de conflit foncier, de conflit du pouvoir coutumier et de conflit de la gouvernance politique, donc une bombe à retardement.

---

[89] CACUDEKI, *Op. cit.* p. 112.

[90] *Ibidem*, p.102.

Tribalisme, clanisme ou « collinisme »

Avec l'émergence fulgurante des « *Nande*» dans les sphères sociopolitiques et économiques au pays, les Congolais se rendent comptent que les Luba et les Tetela ne sont pas les seuls tribalistes en RDC et que les premiers les sont autant que les derniers.

Il est connu que la Communauté « *Nande* » accepte difficilement d'autres personnes dans leurs milieux de vie ou d'activités. Ils se confient rarement aux personnes autres que les membres de leur communauté. Ils travaillent avec les leurs, louent les maisons auprès des leurs, achètent dans les magasins ou pharmacies appartenant aux « *Nande* », sauf exception près. Il est même exclu qu'un opérateur économique ou social non « nande » puisse établir un magasin, une pharmacie, une formation médicale, une école dans le Territoire de Lubero ou la Ville de Butembo ; la Ville de Beni étant plus cosmopolite, fait exception.

Un internaute extrémiste, certainement après des déceptions, écrit une lettre ouverte à la Communauté « *Nande* », lettre qui a fait couler abondamment de salive et d'encre au sein de l'intelligentsia de cette ethnie.

En voici la quintessence : « *Il est de notoriété publique que lorsqu'un Nande a la chance de se métamorphoser en boss, les gens qu'il engagera dans sa boîte, compétents ou nullissimes, seront en très grande majorité ressortissants du Nord-Kivu ! Compte tenu de tout cela, il est pleinement justifié les commentaires désobligeants faits à l'encontre des Nande qui, même à des milliers de kilomètres de leur terroir, se croient à Butembo ou à Goma.*

Que ce soit en chorale, à l'Université ou ailleurs, le Nande pur et dur ne s'entoure que des Nande comme lui, à la rigueur « des gens de l'Est ».

La communauté Nande a ce rare double défaut de s'intégrer difficilement dans d'autres groupements humains et de créer des actes de zizanie majeurs dans son propre groupement. Mariage en dehors de la tribu fortement peu recommandé. Du moment que l'« étranger » est à éviter comme la peste bubonique, l'idéal est de l'écarter le plus possible du cercle familial et, pourquoi pas, du groupe tribal. Se marier entre Nande constitue la voie indiquée en vue de réaliser ce drôle d'objectif. Si vous déclarez que vous irez chercher ailleurs qu'à la tribu, une mise en garde musclée tombera sur vous comme une lourde chape de plomb »[91]

A l'intérieur de la Communauté, des discriminations sont criantes entre clans et ressortissants de telle ou telle autre colline, la région étant composée de mille collines comme dans le « bushi » montagneux ; à la seule différence que les clans ne sont pas en conflits intercommunautaires tels qu'observés chez les « *bena* ou *bakwa* » au KasaÎ.

En effet, si le sujet « *Nande* » aime s'entourer de personnes de son ethnie, le choix est généralement porté sur les membres de son clan ou de sa colline ; les autres devant chercher leurs frères et sœurs du clan ou de la colline.

2.13. Communauté Alur

En République Démocratique du Congo, le peuple « *Alur* » habite le Territoire de Mahagi, dans la Province de l'Ituri, à proximité du Lac Albert. Une petite partie de ce peuple réside en République de l'Ouganda, à l'Ouest du Fleuve Nil.

---

[91]INTERNET, Lettre ouverte à la Communauté Nande, ktcarnet.afrikblog.com/archives /2007/05/03/482828.html, (consulté le 24 novembre 2015 à 10 h 30 minute).

Le peuple « *Alur* » appartient au grand groupe des « *Lwo* » vivant en RDC, Ouganda, Kenya, Soudan, Tanzanie et Ethiopie, classés dans la famille des Nilotiques, ethnies originaires de la vallée du Fleuve Nil.

Les « *Alur* » vivent essentiellement de l'agriculture, de l'élevage de gros bétail, de la pêche sur le Lac Albert et du commerce.

(Les champs au flanc d'une colline à Mahagi)

Les « Alur » de la RD Congo sont structurés en sept chefferies, dirigées, chacune, par un chef coutumier. Ces chefferies sont Alur Djuganda, Angh'al, Djukoth, Mokambo, Panduru, Wagongo et War-Palara.

Par rapport à la plupart des communautés ethniques de la RDC, les « *Alur* » ne vivent pas dans l'extrême pauvreté et leurs contrées disposent d'infrastructures socioéconomiques assez importantes.

(Potentialités hydroélectriques d'Atiwa/ Mahagi)

A l'actif de la Communauté « *Alur* », les principaux déterminants du développement sont : (1) le travail et le dynamisme ; (2) l'esprit associatif ; (3) l'esprit d'émulation.

Travail et dynamisme

Les « *Alur* » sont de grands travailleurs, surtout pour l'agriculture, la pêche et le commerce. Les paresseux et les oisifs sont très rares chez eux et n'ont pas de place dans la société. Un jeune homme « *Alur* » n'aura droit à une femme que quand il aura fait preuve d'avoir une maison et des champs.
De lundi à samedi, les hommes, les femmes et même les enfants travaillent au champ dans l'avant-midi et pratiquent les autres activités de production ou de loisir dans l'après-midi. Les plus endurants travaillent avant et après-midis, en se réservant quelques heures de repos. La pêche sur le Lac Albert, des territoires de Mahagi à Irumu, en passant par Djugu, est une spécialité des « *Alur* », qui y consacrent une bonne partie de

leur temps de nuit et dejour. On rencontre les « Alur » dans les centres de Tchomia et de Kasenyi ou leurs grands-parents travaillaient dans les pêcheries de la Société minière de Kilo Moto (SOKIMO) et des opérateurs économiques grecs.

Depuis l'histoire, les « *Alur* » assurent leur subsistance alimentaire par leur propre travail. Ils commercialisent une bonne partie de leur production sur le marché local et dans les grandes agglomérations pour pourvoir à d'autres besoins de ménages et à la construction des maisons en matériaux durables, devenue un idéal pour tous.

Le dynamisme de la population « *Alur* » déborde de son terroir et touche à tous les secteurs de la vie. En effet, les « Alur » prennentde multiples initiatives d'organisation sociale, de survie et de développement dans la Ville de Bunia, les régions minières, les universités, les églises, etc. Les autres peuples leur accordent la gestion de la cité à cause de leur leadership et leur aptitude.

Esprit associatif ou communautaire

L'esprit associatif ou communautaire dirige la vie des « *Alur* » dans les villages, les groupements, les chefferies et même dans les milieux extra-coutumiers. Dans les villages, les hommes s'organisent pour réaliser certains travaux de champs en groupe et à tour de rôle sous forme de tontine, autour de la boisson locale et d'un repas après le travail. Des écoles, des églises, des postes ou centres de santé sont construits par des organisations locales pour l'intérêt de tous. La plupart de ces édifices sont érigés en matériaux durables, c'est-à-dire en briques cuites et en tôles ondulées. Les hommes valides construisent ou réhabilitent des pistes agricoles pour l'évacuation de leurs produits par des véhicules, des motos ou des vélos.

Les événements malheureux, spécialement les funérailles, sont pris en charge par toute la communauté, élargie aux villages voisins. Chaque groupe apporte de l'argent, des vivres non cuits (chèvres, poules, cossettes de manioc, haricots), des boissons, des bois de chauffe, des nourritures, des chaises, des tables, des ustensiles, etc. Les jeunes creusent la tombe, fabriquent le cercueil, entretiennent la propreté dans le lieu de deuil, accueillent les visiteurs ; tandis que les femmes et les jeunes filles puissent de l'eau, préparent la nourriture et servent à manger après la mise à terre. Les sages du village organisent les funérailles, supervisent toutes les activités jusqu'à la levée de deuil. Cette solidarité qui caractérise les « *Alur* » lors de deuil allège les charges pour la famille directement éprouvée et ainsi soulage sa douleur et sa misère.

D'autre part, le mouvement associatif est suffisamment développé au sein de la Communauté « «*Alur* » et les animateurs prennent facilement le leadership au niveau de la province. Les organisations paysannes, les organisations non gouvernementales de développement et les coopératives sont assez nombreuses et permettent à la population de prendre elle-même des décisions et des initiatives pour son avenir.

Cependant, contrairement à la communauté « *Nande* », l'esprit associatif est très faible auprès des opérateurs économiques « *Alur* », qui évoluent individuellement et parfois en conflictualité, liée à la concurrence déloyale.

En tout état de cause, une capitalisation plus rationnelle de l'esprit de solidarité, de l'esprit associatif et communautaire manifeste dans la Communauté « *Alur* » peut accélérer le développement local par la mobilisation des ressources humaines et matérielles pour des initiatives et des projets de promotion socio-économique.

Esprit d'émulation

Les « *Alur* » n'envient pas les biens ou les richesses d'autres personnes et n'en sont jamais jaloux. Face au bien-être d'autres, ils développent plutôt l'esprit d'émulation, de stimulation et sont motivés pour avoir plus et être plus considérés. Cet esprit a permis à beaucoup de personnes de devenir riches et aux villages d'imiter les expériences des autres pour leur propre promotion.

Pendant la période post-conflit entre 2003 et 2009, les « *Alur* » de la RDC dépendaient de leurs frères ougandais pour beaucoup de choses. Ces derniers traversaient la frontière chaque jour pour vendre, à travers les villages et les cités, des poulets, des œufs, des pains et autres produits alimentaires. Les Congolais acheminaient leurs véhicules en Ougandais pour certains travaux de réparation dont la soudure et le montage des carrosseries.

Les « *Alur* » de Mahagi ont acquis quelques-unes des expériences des Ougandais. Depuis, ils fabriquent également des pains de même qualité, élèvent des poulets pour la ponte et la consommation. Ils ont monté des garages pour les travaux jadis réalisés ailleurs. Ils ont construit des hôtels avec des salles de conférence et de spectacle.

L'esprit d'émulation qui caractérise les « *Alur* » contribue énormément à l'amélioration du niveau de vie des personnes et au développement communautaire dans le Territoire de Mahagi, jadis, une petite cité et, actuellement, une ville de grande qualité.

Plusieurs déterminants de développement du peuple « *Alur* » sont manifestes et connus de beaucoup. Cependant, le développement durable de cette partie du pays est confronté à quelques pesanteurs dont : (1) la surpopulation et (2) les conflits sociaux.

Surpopulation

Les « *Alur* » habitent le Territoire de Mahagi, parmi les plus petits territoires du pays avec seulement 5.216 Km² et une population estimée, en 2016, à 1.905.040habitants. La densité atteint facilement 365 habitants au Km² alors que la moyenne du pays est de 27 habitants.

Les conséquences de cette surpopulation sont nombreuses et désastreuses et mieux décrites dans le Rapport de la Table Ronde pour le Développement de Mahagi. Pour la Table Ronde : « La flore et la faune sont détruites à la suite de la pression démographique. Les anciens boisements sur les collines sont transformés en champs et maisons d'habitation. Les espaces cultivables sont très réduits. Chaque habitant peut disposer juste d'un ou deux ares de champs. La plupart des pâturages sont envahis par des champs et les effectifs du cheptel devenus très réduits. L'insécurité alimentaire est ressentie partout. Les vols des produits vivriers au champ et du bétail sont devenus fréquents. Il n'y a plus d'espace pour la construction de nouvelles maisons. La population du Territoire de Mahagi s'appauvrit davantage à cause de manque d'espace pour organiser les activités économiques et pourvoir aux besoins sociaux de base. Les services sociaux essentiels tels que les écoles, les formations médicales et l'eau de boisson de qualité (adduction d'eau dans les grandes agglomérations) ne répondent plus à la nouvelle demande toujours croissante. Les salles des classes sont surpeuplées »[92].

La population du Territoire de Mahagi s'appauvrit davantage à cause du manque d'espace pour organiser les activités économiques et pourvoir aux besoins sociaux de base. Les services sociaux essentiels tels que les écoles, les formations

[92] CADEMA, Rapport de la Table Ronde pour le Développement de Mahagi (inédit), Mahagi, Cadema, 2009, p.22.

médicales et l'eau de boissons de qualité (adduction d'eau dans les grandes agglomérations) ne savent plus répondre à la nouvelle demande, toujours croissante.
La surpopulation est une des causes de la pauvreté confirmée par **Charles Mayola**, pour qui : « La forte croissance démographique, bien qu'elle puisse constituer un grand marché de consommation et procurer une main-d'œuvre abondante, serait aussi un facteur d'aggravation des problèmes économiques. Il serait en effet difficile pour un Etat de subvenir aux besoins d'éducation, de santé, de logement… d'une population en croissance exponentielle »[93].
Les causes de la surpopulation sont nombreuses : les jeunes garçons et filles se marient très tôt ; la plupart de filles non scolarisées se marient à l'âge de treize, quatorze ans ; la polygamie semble tolérée et encouragée par la société ; les mariages polygamiques sont fréquents malgré les contraintes économiques et environnementales ; les services de planification sont quasiment absents et les techniques de planning familial sont méconnues par la population qui se reproduit rapidement sans en avoir la volonté.

Conflits sociaux

La Table Ronde pour le développement du Territoire de Mahagi avait identifié le conflit foncier et le conflit du pouvoir coutumier comme des problèmes majeurs de développement communautaire.

---

[93] C. MAYOLA, « La liberté dans la pauvreté ou la richesse dans l'esclavage ! Plaidoyer pour un travail décent, dans **Congo Afrique**, n° 485, mai 2014, p. 314.

En effet, les conflits fonciers sont trop nombreux et divisent la petite famille, les villages, les clans, les groupements, etc. Ils opposent les enfants à leurs parents, les agriculteurs entre eux, les agriculteurs avec les éleveurs, les agriculteurs et les concessionnaires (INERA opposé à la population qui cultive dans sa concession), les entités administratives entre elles (villages, groupements, chefferies). La terre est donc une denrée rare et l'accès y est très difficile dans le Territoire de Mahagi au point que les pâturages sont en disparition au profit des champs.

Les principales causes des conflits fonciers sont : l'explosion démographique ; la justice mal rendue ; l'occupation illégale des terres ; l'héritage ; la vente illicite des terres, etc.

Le conflit du pouvoir coutumier oppose généralement les enfants ou les descendants d'un chef coutumier ou d'un chef de groupement. Il a déjà causé beaucoup de victimes dans les chefferies des Angh'al, de Wagongo, de Djukoth et des Alur Djuganda ainsi que dans quelques groupements du territoire de Mahagi.

Les conséquences des conflits sociaux sont nombreuses et désastreuses : les morts d'hommes se comptent par dizaine chaque année ; les incendies des maisons ou des villages ; les destructions méchantes ; les dossiers fonciers en justice constituent la plupart des chefs d'accusation; les affrontements, bagarres et blessures (voie des faits) ; la haine ; le déplacement forcé des populations ; la paupérisation de la population ; etc.

2.14. Communauté Lendu

La Communauté « Lendu » est l'un de grands peuplements de la Province de l'Ituri, en République Démocratique du Congo, parmi lesquels les « Alur », les « Hema », les « Lugbara », les « Kaliko », les « Bira », les « Nyali » et autres. C'est un peuple du groupe soudanais qui serait arrivé dans la région vers le XVI ème siècle et estimé à plus d'un million habitants, deuxième en poids démographique après les Alur. Cette communauté forme les chefferies des « Walendu Pitsi », « Walendu Tatsi » et « Walendu Jatsi », en Territoire de Djugu ; des « Walendu Binti » en Territoire d'Irumu et de « Walendu Watsi » en Territoire de Mahagi.

Dans les Territoires de Djugu et d'Irumu, les Lendu vivent dans des villages enchevêtrés avec les Hema, en régions montagneuses et au climat très froid. Ils sont des agriculteurs et des guerriers, vivant essentiellement des cultures vivrières de haricot, maïs, patates douces, pommes de terre et légumes, pratiquées sur un sol très fertile. Leur espace de vie regorge de nombreuses concessions agricoles et d'élevage de bovins, propriétaires de leurs voisins Hema.

Le Territoire de Djugu où la Communauté Lendu est majoritaire renferme d'énormes gisements d'or, exploités industriellement et artisanalement. Les potentialités en pétrole sont également importantes tout au long du Lac Albert où la pêche est pratiquée principalement par les Alur.

Le peuple Lendu se retrouve parmi les plus pauvres de la Province de l'Ituri, en dépit de quelques atouts psychosociologiques pour le développement dont il dispose, à savoir : 1) le travail et l'endurance, 2) la persévérance et 3) la franchise. Cependant, les facteurs inhibiteurs semblent plus importants et les maintiennent encore dans des conditions inconfortables. Il s'agit essentiellement de : 1) la colonisation et l'évangélisation, 2) le conflit intercommunautaire, 3) l'insuffisance de ressources humaines de qualité, 4) le complexe d'infériorité et 5) la socialisation dans un contexte de conflit.

Travail et endurance

Les Lendu sont des travailleurs assidus et très endurants, incomparables en Ituri et beaucoup sollicités par les autres peuples pour des activités champêtres. Hommes, femmes et enfants travaillent aux champs dans l'avant-midi et après-midi jusqu'au soir. Les enfants sont initiés aux activités agricoles très tôt et y évoluent tout au long de leur vie. Par leur production agricole, ils approvisionnent la Ville de Bunia et d'autres grandes agglomérations.

Pendant l'époque coloniale, les Lendu ont été abondamment utilisés par les Belges, les missionnaires catholiques et protestants et les opérateurs économiques grecs. Aujourd'hui, ils sont encore sollicités par les concessionnaires et certaines familles pour des travaux manuels. En général, les Lendu sont très forts pour tous les travaux exigeant des efforts physiques et s'y livrent avec conscience. Dans la chaleur comme dans le froid, ils travaillent avec endurance. Au sein de cette communauté, les paresseux et les oisifs n'existent presque pas.

Le travail est un atout pour la promotion socioéconomique d'un peuple ou d'une nation. Les nations les plus développées au monde sont celles où le travail est hautement valorisé. Les cas de la Chine, du Japon et de l'Allemagne sont les plus éloquents. En République Démocratique du Congo, la paresse et l'oisiveté sont reconnues parmi les déterminants majeurs de la pauvreté. En dépit de leur endurance au travail, les Lendu croupissent encore dans la misère.

Persévérance

Les Lendu sont persévérants et constants dans la poursuite de leurs objectifs ou dans l'exécution de leurs décisions. Ils prennent des engagements fermes qu'ils réalisent sans faille et sans s'en détourner. Les obstacles sur leurs parcours ne constituent pas des blocages incontournables pour la réalisation

de leurs ambitions. Leur obstination a été notamment constatée pendant le conflit armé intercommunautaire de 1999 à 2004, au cours duquel ils ne reculaient pas devant les armes à feu, ni face aux morts comptés dans leur rang. Lorsque blessés dans leur for intérieur, ils décident de tuer quelqu'un, ils le font sans ambages et dans n'importe quelles conditions.
La persévérance dans la réalisation des ambitions peut aider le peuple Lendu à sortir des gouffres de la pauvreté s'il pouvait définir clairement sa vision de développement, élaborer son plan stratégique et définir des actions précises à mettre en œuvre par les membres de la communauté.

Franchise

Le peuple Lendu est franc et jamais hypocrite ou trompeur. Sa position ou son attitude face à un objet, une personne ou une communauté est clairement exprimée et connue par les autres peuples. Il dit « oui » lorsqu'il faut dire « oui » et « non » lorsqu'il faut dire « non ». Lorsqu'il veut se venger ou causer du mal à quelqu'un, il l'avertit quelques jours avant et n'agit pas dans le dos mais face à face. Pendant le conflit intercommunautaire de triste mémoire, les Lendu ont attaqué les Alur à plusieurs reprises. Chaque fois, ils envoyaient des correspondances pour préciser les motivations, le jour et l'heure de leurs interventions, qu'ils respectaient effectivement.
La franchise est une valeur morale universelle, une valeur communautaire pouvant énormément contribuer à l'amélioration de la gouvernance politique et économique au sein d'un peuple ou d'une nation.

Colonisation et évangélisation

En République Démocratique du Congo et dans d'autres pays en développement, la colonisation et l'évangélisation ont contribué à la création des inégalités et des conflits sociaux entre les peuples ainsi qu'à l'appauvrissement de certaines communautés.

Pendant toute la période coloniale, appuyée par l'évangélisation, les Lendu ont été victimes de la discrimination et de la marginalisation, racines de la dépendance vis-à-vis des autres communautés, du conflit social et de la paupérisation.

En effet, les colons belges avaient indexé les Lendu comme un peuple méchant, barbare, non coopérant, non accommodant avec lequel ils ne pouvaient ni vivre, ni travailler. Ils avaient plutôt porté leur choix sur les Hema qu'ils ont scolarisés, formés, évangélisés, « civilisés » et utilisés dans des fonctions nobles ; en même temps, ils les ont aidés à « s'émanciper » et à promouvoir leur développement socio-économique. Par contre, les Lendu étaient considérés comme aptes à tous travaux et utilisés dans les activités de champs, les travaux domestiques ou manuels et de gardiennage nocturne. L'administration belge et les missionnaires ont adopté une attitude négative vis-à-vis des Lendu et positive face aux Hema.

A l'ouverture des premières écoles à Fataki (1918) et à Bambu (1930), deux localités lendu, ce sont les Hema qui ont bénéficié de cet avantage au détriment des Lendu .

La position des Belges et des missionnaires pendant la colonisation s'est répercutée après l'indépendance, en 1960. Les Lendu sont restés marginalisés même par les différentes administrations et les églises, durant plusieurs décennies. Les inégalités se sont davantage creusées sur tous les plans. En dépit de leur poids démographique dans la Province de l'Ituri, ils sont rares dans l'enseignement, l'administration publique, les entreprises, les hautes fonctions des églises comme prêtres et pasteurs, etc.

Au prélude, le traitement différentiel et le développement inégal entre ces deux peuples trouveraient leur source à l'époque précoloniale. Pour **Nicaise Kibel'bel Oka**, « Les *Hema*, venus de l'Ouganda, ont accompagné au milieu du XIXᵉsiècle la visite de l'explorateur anglais Henry Morton Stanley dans la région. Ils auraient tiré de ce fait une large sympathie et des dividendes. Les *Lendu*, par contre, empêchèrent Stanley de poursuivre son expédition aux environs de Bogoro.
(...) Les recommandations négatives sur les Lendu consignées dans le carnet de voyage de Stanley ont déterminé la conduite des colons et des missionnaires par rapport aux *Hema* (peuple docile) et aux *Lendu* (peuple révolté) et ouvriront aux *Hema* l'accès facile à l'instruction »[94].
L'Amnesty International confirme ce traitement inégal dans son rapport, lorsqu'il écrit : « L'administration coloniale belge avait accentué les divisions et les inégalités sociales existant entre les deux communautés. Après le départ des Belges, l'élite *hema* a conservé son statut de classe de propriétaires fonciers et d'hommes d'affaires aux commandes de l'administration et bénéficiant d'un meilleur accès aux richesses, à l'enseignement et au pouvoir politique »[95].

Conflit intercommunautaire

Les attitudes imprimées par les colons belges et les missionnaires catholiques et protestants ainsi que les inégalités socioéconomiques créées entre les Lendu et les Hema sont des fondements du conflit intercommunautaire entre ces deux peuples.

---

[94] N. KIBEL'BEL O, *RD Congo-Ituri. De la guerre identitaire au pillage des mines d'or de Kilo-Moto par des multinationales anglo-saxonnes,* Editions-Scribe, 2016, p.33.

[95]AMNESTY INTERNATIONAL, RDC au bord du précipice: aggravation de la situation des droits humains et de la situation humanitaire en Ituri, Londres, mars 2003, p.5.

En effet, le conflit séculaire entre ces deux communautés a défrayé la chronique de l'histoire au début du 21ème siècle. Il a atteint son paroxysme entre 1999 et 2004 avec la formation des milices tribales, les affrontements armés, les opérations de nettoyages ethniques et les massacres inimaginables. Ce conflit était classé par certains observateurs parmi les plus cruels au monde.

Le rapport de l'Amnesty International adressé au Conseil de Sécurité des Nations Unies, en mars 2003, stipule ce qui suit : « La région de l'Ituri, dans le Nord-Est de la République Démocratique du Congo (RDC) traverse l'une des plus graves crises humanitaires et des droits humains que le monde connaisse. On estime que le conflit armé dans la région a coûté la vie à 50.000 personnes et que plus de 500.000 individus ont été déplacés depuis le milieu de 1999. (…) La violence a été d'une brutalité exceptionnelle, marquée par des massacres à l'arme blanche –machettes, haches, lances, arcs et flèches -, la destruction systématique de villages par le feu »[96].

En 1911, la guerre éclate entre « Walendu Binti » et les Hema d'Irumu après l'assassinat du grand chef hema, Bomera, par les « Wendu-Bindi ». Les hostilités s'étendront l'année suivante dans le Territoire de Djugu, selon Wikipédia[97].

En 1966, les tensions interethniques Lendu – Hema sont provoquées par l'expansionnisme du Chef Kahwa Muzora Salatiel, un Hema qui tentait d'annexer certaines localités lendu notamment Lakpa, Nombe, Tsarukale et Lagabo, du territoire d'Irumu, lors du recensement administratif.

En 1972, les enseignants Lendu à Fataki et à Jibba se révoltent et exigent la répartition équitable des postes de direction dans les écoles primaires.

Un autre conflit surgit, en 1979, entre les deux tribus sur la plaine de la Semliki, au bord du Lac Albert, entièrement comprise dans la Chefferie des Bahema-Sud. Les hostilités

---

[96]AMNESTY INTERNATIONAL, *Op.cit.*, p.1 et p.5.

[97]WIKIPEDIA,Conflit hema lendu, https://fr.wikipedia.org/wiki/Conflit_d'Ituri (consulté le 21 novembre 2016, à 14 heures 30 minutes).

débutent au marché de Kagoro où les pêcheurs de deux ethnies (installés sur les îlots) vendent les poissons et s'approvisionnent en produits vivriers en provenance des villages des « Walendu Bindi » situés sur les plateaux environnants.
En 1992, une nouvelle guerre éclate toujours à la plaine du Lac Albert. Le conflit met aux prises les « Walendu-Bindi » du groupement Baviba aux Bahema- Sud du groupement des Bandikato. A l'origine du conflit, la création par les « Walendu-Bindi » d'un marché autonome à 300 m de celui des Bahema au beach Baguma.Parti de la Chefferie des Bahema, le conflit s'est rapidement étendu sur l'ensemble de deux chefferies avec des règlements de comptes sanglants de part et d'autre.
Le rebondissement en catastrophe de ce conflit en juin 1999, en pleine rébellion soutenue par l'Ouganda, fait suite à la récupération, par la force, des espaces additionnels dans les concessions acquises, quelques années avant, par les Hema, privant ainsi les Lendu de la terre, source de leur survie et pour laquelle ils n'hésitent pas un seul instant à sacrifier leur vie.
En 2016, quelques foyers de tension sont actifs, surtout dans le Territoire d'Irumu où les « Walendu Bindi » et les Hema n'arrivent pas à cohabiter pacifiquement.
Enfin, le conflit séculaire interethnique hema- lendu constitue une importante pesanteur pour le développement. La culture de la haine, de la division, de la méfiance et de l'identité meurtrière constitue durablement le frein au développement communautaire et intercommunautaire.

Insuffisance des ressources humaines de qualité

Dans la Province de l'Ituri, la Communauté Lendu vient en seconde position après la Communauté Alur sur le plan démographique ; mais manque cruellement des ressources humaines de qualité pour son développement communautaire.

Défavorisée par la colonisation et les églises, elle compte très peu de cadres universitaires et d'autres personnes formées pour assurer l'éducation des enfants à tous les niveaux, assurer les soins de qualité, animer les actions de développement communautaire, occuper de hautes fonctions dans l'administration publique provinciale et nationale, participer à la transformation des ressources naturelles et économiques abondantes sur le Territoire.

La Communauté Lendu a connu beaucoup de retard dans la formation de ses membres pourtant les premières et grandes écoles sont implantées sur le sol de ses ancêtres. Plusieurs décennies après l'indépendance, les enfants Lendu sont encore rares dans les institutions d'enseignement supérieur et universitaire. Les effectifs des étudiants Lendu à l'Université de Bunia (UNIBU), l'établissement le plus proche, sont très faibles et laisse entrevoir la persistance de la problématique de la carence des ressources humaines dans cette communauté.

En effet, au cours de l'année académique 2016-2017, sur 385 étudiants des premiers graduats Economie, Droit, Sciences Politiques et Administratives, nous avons pu dénombrer 2 Lendu, 103 Hema, 46 Alur, 43 Lubgara, Kaliko et Kakwa réunis, 10 Bira, 21 Nande, 16 Lokele et 12 Luba.

Cet effectif dérisoire des Lendu au niveau du premier graduat est largement indicatif de la situation dans l'ensemble de l'Université et certainement dansles autres institutions d'enseignement supérieur et universitaire de la Province. L'insuffisance de la scolarisation des enfants Lendu influera négativement sur la vie politique, économique et socio-culturelle de toute la Communauté pendant longtemps.

Complexe d'infériorité

Indexés, marginalisés et méprisés pendant plusieurs décennies, les Lendu souffrent du complexe d'infériorité face à d'autres communautés ethniques. Ils se sentent inférieurs et comme des sous hommes, en dépit de leurs multiples talents et savoir-faire. Ils souffrent également du préjugé fondé sur une perception de soi pernicieuse et sur l'appartenance à un groupe haï. A force d'être victimes de discrimination, les Lendu sont devenus hostiles et considérés comme tels. L'attitude de ce peuple est conforme à ce que la thèse des Psychologues sociaux **J. Gergen** et **M. Gergen** soutient. Selon eux « La personne qui est visée par la discrimination porte souvent un lourd fardeau psychologique. Elle peut, en particulier, en venir à se sentir sans aucune valeur ou inférieure aux autres »[98]

A cause des stéréotypes de tout genre, les Lendu n'ont plus confiance en eux-mêmes et parviennent parfois à se renier devant les autres. Nous en avons été témoin. Dans l'auditoire du premier graduat Droit de l'Université de Bunia, les étudiants se présentaient volontairement pour expliquer comment la culture de leurs communautés influençaient les émotions de base des membres. En dépit de notre appel, aucun étudiant Lendu ne s'était levé pour partager les expériences de son ethnie. Alors, un sujet Hema s'écria « *Ils ont honte de se présenter devant les autres* ! ». Et un silence s'était installé momentanément dans l'auditoire !

Ce manque de confiance est manifeste également dans d'autres comportements des membres de cette communauté. La plupart des sujets Lendu, intellectuels ou ayant un statut socio-économique élevé, prennent des femmes en dehors de leur tribu, voulant peut-être créer ainsi un métissage pour la génération future !

---

[98] J. GERGEN ET M.GERGEN, *Psychologie sociale*, Montréal, Editions Etudes Vivantes, 1984, p. 114.

Ce complexe d'infériorité limite les initiatives privées et communautaires parce que l'on se croit incapable de réaliser ce que font les autres, spécialement dans les domaines des études universitaires, de commerce et de l'entreprenariat, en général.
Cette supposition est appuyée par J. Gergen et M. Gergen qui pensent que les personnes discriminées développent souvent des dispositions à échouer. A ce propos, ils ont écrit : « Comment des gens qui croient que les portes du succès leur sont fermées vont-ils réagir ? Il est possible qu'ils abandonnent. Les efforts pour réussir dépendent largement de la perception de la probabilité de succès. Si quelqu'un pense qu'il est impossible de réussir quelque chose, il est peu probable qu'il essaie. Les gens peuvent même trouver rassurant de ne pas essayer. (...) Il y a donc de bonnes raisons de croire que la victime de discrimination puisse développer un pattern de comportement fondé sur l'excuse personne »[99].
Par cette excuse, les Lendu essaient moins, vivent en dehors du monde universitaire et se résignent à être au service des autres. Ainsi, la pauvreté est devenue pour eux une fatalité, un dessein du Créateur !

Socialisation dans un contexte de conflit

Les Lendu vivent dans le conflit intercommunautaire depuis plus d'un siècle. Les enfants naissent, grandissent, vieillissent et meurent dans ce conflit latent ou ouvert. Par conséquent, la socialisation des membres de cette communauté se réalise dans le contexte de conflit.
Mais que peut signifier la socialisation ? La socialisation est définie par **Wikipédia** comme « un processus au cours duquel un individu apprend et intériorise les normes et les valeurs tout au long de sa vie, dans la société à laquelle il appartient, et

[99] J. GERGEN et M. GERGEN, *Op. Cit.*, pp. 117-118.

construit son identité sociale. Elle est le résultat à la fois d'une contrainte imposée par certains agents sociaux, mais aussi d'une interaction entre l'individu et son environnement. Si elle favorise la reproduction sociale, elle n'élimine pas pour autant les possibilités de changement social »[100].

Dès son jeune âge, l'enfant Lendu apprend à reconnaître les sujets Hema et à les considérer comme des ennemis qu'il faut à tout prix éviter, tenir à distance dans les jeux, les écoles, les églises et autres lieux de rencontre et avec lesquels adopter une attitude de prudence.

Dans l'intériorisation des valeurs et normes, les enfants recourent, pour leurs jeux quotidiens, à l'utilisation des arcs, des flèches et des lances avec pour cibles les ballons faits des écorces des bananiers. Aussi, sont-ils initiés très tôt à la fabrication et à l'utilisation des armes blanches empoisonnées ainsi qu'aux stratégies de guerre. Dans les villages, ils ont toujours leurs armes à portée de la main pour se défendre ou attaquer en cas de besoin.

Pendant l'épisode du conflit sanglant de 1999 à 2004, les enfants ont été abondamment utilisés dans les affrontements. Ils ont tué et parfois bu du sang humain. Tuer n'est plus un problème pour cette génération sacrifiée ! Impuissants, les enfants ont assisté au massacre de leurs parents ou proches, expériences traumatisantes dont les séquelles les accompagneront toute la vie. Ces expériences seront malheureusement transmises à des générations futures et marqueront leur culture.

Par cette socialisation, l'ethnicité est au centre de l'éducation. L'enfant a la culture de la haine et de la guerre et tuer son ennemi n'est pas un mal ou une antivaleur. Cette initiation met à mal la cohabitation pacifique avec d'autres peuples et la réalisation des grands travaux de développement

---

[100] WIKIPEDIA, *La socialisation*, Internet, Google, 2015.

intercommunautaire. La préoccupation pour la sécurité et la sauvegarde des intérêts de la communauté priment sur les projets de développement ou le bien-être socioéconomique. Ainsi, la pauvreté continue à s'enraciner et à devenir une condition normale de vie chez le peuple Lendu.
La socialisation dans le contexte de conflit est également pratiquée dans la Communauté Hema qui considère l'autre comme un danger. La haine est donc cultivée de part et d'autre. L'éradication des préjugés et le changement des attitudes exigeront des stratégies robustes et des programmes spéciaux ainsi que du temps.

2.15. Communauté Zande

La Communauté « *Zande* ou *Azande* », de l'ancien Royaume « *Azande* », est une ethnie composée de plusieurs grands clans dont *Avungara, Amadi, Ambomu, Abandya, Anunga, Abarambo*, etc. Ce peuple vit en grande partie en République Démocratique du Congo, dans les plateaux de l'Uélé, Provinces du Bas-Uélé et du Haut-Uélé, en territoires de Bondo, Ango, Poko, Bambesa, Aketi, Dungu, Niangara. Une faible partie se retrouve au Sud-Est de la République Centrafricaine et au Sud-Ouest du Soudan.
Le terroir des « *Azande* » comprend d'énormes ressources naturelles et économiques dont de vastes terres arables, des pâturages suffisants pour plusieurs milliers de têtes de bovins, des cours d'eau, des matières précieuses dont l'or et le diamant. D'ailleurs, le nom « *azande* » signifie peuple qui possède beaucoup de terre.
Le Peuple « *Azande* » est très important en nombre, très connu pour son passé de conquérant, de guerrier et sa dimension

culturelle. Avant la colonisation, il avait conquis, par les armes, tous les peuples voisins et leur avaient imposé son ascendance.

(Zandé avec boucliers et harpe en 1880)

Dans les premières années de l'indépendance, les « *Zande* » avaient joué un rôle notable dans l'histoire politique et militaire de la RD Congo. Depuis quelques décennies, ils se sont presque effacés sur l'échiquier national et même provincial. Aujourd'hui, ils ont plutôt besoin d'être conquis par d'autres peuples pour assurer leur émergence, changer leurs mentalités et révolutionner leur culture.

En dépit de tous les atouts naturels, économiques et humains qu'il a, le peuple « *Zande* » vit dans la misère et continue de s'y enfoncer au fil du temps. Les pesanteurs de son appauvrissement sont nombreuses mais les plus en vue sont : (1) la sorcellerie et la jalousie ;(2) la tradition, les us et les coutumes ; (3) le sous peuplement ; (4) l'alcoolisme ; (5) l'enclavement physique, socioculturel et économique et (6) le fatalisme et l'accommodation.

Nonobstant ces pesanteurs, la communauté « *Zande* » dispose de quelques atouts psychosociologiques non négligeables pour son émergence socio-économique et dont les plus importants sont : 1) la hardiesse et la résistance ; 2) l'honnêteté.

Hardiesse et résistance

Les « *Zande* » sont hardis, tenaces, audacieux, persévérants et capables de braver des obstacles naturels ou environnementaux pour leur survie. Ils sont forts physiquement avec une personnalité solide forgée par leur histoire de guerrier et de conquérant.

Pendant la deuxième République, les officiers supérieurs et généraux, produits des écoles des Frères Maristes de Buta, se comptaient par dizaine dans les forces armées nationales et ils se distinguaient par leur bravoure. Dans le domaine politique, leurs noms restent gravés dans l'histoire du pays. Ils étaient connus et respectés partout dans le pays.
La plupart des « *Zande* », et spécialement ceux du Territoire d'Ango, sont des travailleurs endurants. Ils œuvrent durement dans les champs, les mines, les petits métiers, les administrations, etc. ; tandis que d'autres sont des paresseux ou des fainéants et vivent dans une grave pauvreté.
Aujourd'hui, les « *Zande* » s'effacent petit à petit de la scène nationale pour plusieurs raisons dont certaines sont étayées dans ce document et d'autres sont à approfondir.

Honnêteté

La probité des « *Zande* » dans leur relation sociétale est de notoriété auprès des personnes qui les connaissent à suffisance. Les « *Zande* » n'ont pas la culture de magouille, de vol et de détournement des biens d'autrui ou des biens communautaires.
Dans leur vie quotidienne, l'on raconte que les gibiers, les régimes de bananes et d'autres produits sont généralement

exposés pour vente le long des routes ou des chemins, sans vendeur ou garde. L'acheteur prend l'article de son choix, dépose l'équivalent en monnaie et continue son parcours sans chercher à connaître le propriétaire. Ce comportement peut sembler atypique pour certaines communautés de la RDC.

L'honnêteté des « *Zande* » s'explique partiellement par leur puissance surnaturelle et leur capacité à nuire même à distance. Leur socialisation des enfants dans la crainte des biens d'autrui peut former les Congolais à une bonne gouvernance politique et économique.

Sorcellerie et jalousie

La sorcellerie est parmi les facteurs qui bloquent sérieusement le développement du peuple « *Zande* », très attaché à la tradition et pour qui le surnaturel joue un rôle primordial dans la vie.

En abordant l'étude de la Société « *zande* », **E. E. Evans-Pritchard** a constaté que : « A peu près tous les aspects de la vie des Azandé se trouvent impliqués dans la sorcellerie. Être sorcier, c'est avoir reçu dans son héritage la faculté de nuire à autrui. Le Zandé dirige ses pulsions agressives vers son semblable. Or la société maîtrise tout réflexe de défense. On recherche le sorcier qui a nui ; on lui demande, avec l'assentiment du prince, de retirer son influence maligne. Il proteste de sa bonne foi, non sans se déclarer surpris d'être tenu pour sorcier ; et, après décès, les siens peuvent procéder à un examen des entrailles pour en être sûrs. Au cours des séances de divination, des exorciseurs localisent l'être nuisible. Ces détectives de la sorcellerie se doublent souvent de guérisseurs. On consulte surtout des oracles. En dernier ressort, on s'adresse à l'oracle du poison du prince, qui se trouve être ainsi le surveillant et le régulateur des conflits de personnes. Le roi et les princes sont les seules sources du droit, parce qu'ils sont les maîtres de l'oracle. Enfin, la magie est un recours constant : bonne, même si elle est destructrice comme la magie de vengeance ; mauvaise, si elle nuit en dehors des lois, sans souci d'équité »[101].

Antérieurement, nous avions écrit que : « Ce peuple vit dans des conditions infrahumaines, craignant les effets maléfiques de la sorcellerie. Pendant plus de quatre décennies, les « Azande » avaient peur d'améliorer leur habitat par la construction des maisons en matériaux durables ou semi-durables. Ils continuent de vivre dans des taudis de petites dimensions, n'ayant aucune condition hygiénique. Les personnes qui ont un revenu élevé vivent dans les mêmes conditions que les pauvres de peur de subir les attaques des jaloux et des sorciers de leurs villages. Toutes les constructions de qualité datent de l'époque coloniale ; elles sont vétustes et en délabrement.

Hormis la médiocrité de son cadre de vie, ce peuple cultive sur de très petites superficies de terre et, par conséquent, produit très peu, essentiellement pour sa subsistance. Par peur des effets maléfiques de la sorcellerie et de la jalousie, les habitants de cette partie du pays ne veulent pas étendre les superficies de leurs champs, en dépit du vaste espace cultivable dont ils disposent »[102].

Tradition, us et coutumes

Les « *Zande* » sont très attachés à leur tradition, us et coutumes. Au 21ème siècle, la plupart vivent encore comme leurs parents et grands-parents avaient vécu. Leurs modes de vie n'ont pas significativement évolué. Comme dit plus haut, ils restent liés par la sorcellerie, l'oracle, la magie et certaines croyances en dehors de toute foi chrétienne.

---

[101] E.E.EVANS-PRITCHARD, *Sorcellerie, oracles et magie chez les Azandé*, Londres, Gallimard, 1972, p.32.

[102] B. KAKURA, *Op. cit.*, p. 207.

Les « *Zande* » sont attachés aux esprits de mort. Ils regardent plus vers le passé que vers l'avenir. En toute circonstance, ils consultent les esprits de mort dont, d'ailleurs, les tombeaux sont construits en dur, au bord de la route et du sentier et mieux entretenus que les habitations des vivants.

Ils continuent de croire à la puissance spécifiquement dynamique de certains animaux, une croyance qui entraîne fréquemment une interdiction alimentaire, surtout aux femmes. Ils croient également à la réincarnation.

Les maisons des « *Zande* » sont toujours du type traditionnel, généralement dispersées et éloignées des routes ou des sentiers. Pour **Adolphe Calonne**, « Les « *Zande* » ont horreur des agglomérations. Chacun vit isolé avec sa femme, ou ses femmes s'il en a plusieurs, ses enfants en bas âge et, strictement séparés des femmes, un ou deux adolescents, fils de parents ou de voisins, dont il assure l'éducation. A quelques centaines de mètres, une autre famille, de constitution analogue, vit la même vie »[103].

Sous peuplement

Si, dans la plupart des cas, l'explosion démographique inquiète en RDC, la faible expansion démographique chez «les « *Zande* » inquiète tout autant plus d'une personne. En effet, les villages « *zande* » sont dépeuplés, en état de ruine et appelés à disparaitre de la carte. La population est vieillissante, l'indice de fécondité ou le taux de natalité est très faible. **Mokonda Bonza** en donne les raisons lorsqu'il affirme que : « Au Nord de la province et de la rivière Uélé, en particulier, le taux de croissance

[103] A. CALONNE, Ethnographie générale des bassins de l'Ubangi-Uélé et de l'Aruwimi, Bruxelles, https://archive.org/stream/azandeintroducti00calo/azandeintroducti00calo_djvu.txt (consulté le 08 décembre 2015, à 17 heures).

démographique demeure faible à cause de l'insuffisance du taux de fécondité. Le problème de la reproduction des forces productives pourrait se poser dans l'avenir si des mesures sociales et culturelles spéciales ne sont pas prises à temps pour éradiquer les maladies sexuellement transmissibles et limiter, voire interdire les unions conjugales atypiques qui y prospèrent. Par union conjugale atypique, il faut comprendre une union entre un jeune et une femme plus âgée ».[104]

En effet, dans les us et coutumes des « *Zande* », les jeunes gens se marient, pour la plupart des cas, avec des vieilles femmes ménopausées, union qualifiée d'atypique. La reproduction est donc nulle et les forces productrices posent problème, accentuant, de facto, la pauvreté dans cette partie du pays.

Alcoolisme

La population « *Zande* » vit dans l'alcoolisme, travaille pour et avec l'alcool, consommé tous les jours par toutes les catégories de la société : enfants, jeunes, adultes, vieux, hommes et femmes.

Cet alcoolisme conduit à une grande tolérance dans les rapports sexuels, au mariage atypique décrié plus haut, aux maladies sexuellement transmissibles, à l'affaiblissement de la reproduction et de la force de travail, à l'oisiveté et la passivité, etc. Bref, l'alcoolisme contribue énormément à l'appauvrissement du peuple « *Zande* ».

Enclavement physique, socioculturel et économique

Les « *Azande* » sont enclavés sur les plans physique, socioculturel et économique, un enclavement qui les maintient dans la misère. Depuis plusieurs décennies, les territoires des

[104] MOKONDA BONZA, « Développement durable en milieu rural congolais : cas de la Province Orientale », dans *Congo Afrique*, Kinshasa, CEPAS, 2009, p. 617.

« *Azande* » sont enclavés. Les routes d'intérêt national et provincial ne sont plus entretenues ; elles sont par conséquent fortement dégradées et inaccessibles. Le chemin de fer pouvant les relier à l'Est ou à l'Ouest n'existe que de nom. Le transport des personnes et des biens s'effectue essentiellement par vélos ou motos. La plupart des « *Azande* » naissent, grandissent et meurent dans leurs villages sans connaître d'autres milieux ou cultures.

De par leur nature, les « *Azande* » sont un peuple renfermé sur lui-même, très réservé et qui s'ouvre difficilement aux étrangers. Ils vivent dans leurs milieux sans suffisamment de contact avec d'autres cultures pouvant les enrichir ou leur permettre de changer de mentalités, d'attitudes et de comportements. Leurs voisins du Nord, c'est-à-dire de la République Centrafrique et du Soudan du Sud sont également de même ethnie, pauvres comme eux et sans expériences probantes à leur transmettre. Leurs voisins du Sud sont des « *Baboa* », un peuple pas très différent d'eux et qui vit presque dans les conditions identiques.

L'enclavement des « *Azande* » est renforcé par la rareté, mieux l'absence des médias audiovisuels et écrits. Les radios rurales ou communautaires, initiatives des confessions religieuses ou des hommes politiques, sont en très petit nombre avec des couvertures très limitées. La population manque donc d'informations et de connaissances sur des domaines importants de sa promotion socio-économique.

L'importance de l'échange des cultures ou d'informations a été relevée par **Wivine Mukombo Bwaka** qui écrit : « L'homme est fondamentalement un être social, c'est-à-dire un être relationnel et ouvert aux autres. Un être humain solitaire est la négation même de l'homme. L'on a toujours besoin des autres pour se réaliser pleinement. Il en est ainsi des individus comme des sociétés entières. En effet, le contact entre diverses cultures peut devenir une source d'enrichissement et une cause

d'approfondissement relationnel. Aucune société, aucune culture ne peut vivre en totale autarcie sans se scléroser ».[105]
Plusieurs décennies avant cet auteur, **Mahatma Gandhi** déclarait à propos de l'ouverture à d'autres cultures : « Je ne veux pas d'une maison entourée de murs et de fenêtres obstruées. Je veux que les cultures de tous les pays s'épanouissent partout dans ma maison, aussi librement que possible, mais je refuse qu'elles me fassent perdre pied »[106].
Pendant ces dernières décennies, les populations de l'Est se sont développées plus que celles d'autres parties du pays. Par des échanges, elles bénéficient des voies de communication à l'intérieur et vers l'extérieur, des avancées culturelles et des expériences des pays voisins dont l'Ouganda, le Rwanda, la Tanzanie et la Zambie. Paradoxalement, par leur enclavement physique et socioculturel, les « *Zande* » sont privés de tous ces avantages et continuent de vivre comme ils ont toujours vécu.

Fatalisme et accommodation

Depuis des siècles, les « *Azande* » ont vécu dans des conditions de pauvreté en dépit des potentialités de leur environnement. Des expériences pouvant leur donner de l'émulation n'existent pas. Finalement, ils se sont accommodés à la pauvreté, devenue un fait normal pour lequel ils ne peuvent engager un quelconque combat. Ils n'ont plus une prospective ou vision de vie et ne fournissent pas de grands efforts pour passer des conditions moins humaines aux conditions plus humaines. La

[105] W.MUKOMBO B., « Les valeurs traditionnelles Hungana à l'épreuve de la modernité », *dans Congo-Afrique*, n° 499, novembre 2015, p. 773.
[106] MAHATMA GANHDI, cité par PNUD, Rapport sur le développement humain 2013. L'essor du Sud : le progrès humain dans un monde diversifié, New-York, PNUD, 2013, p.44.

pauvreté est donc pour eux une fatalité, une condition imposée à eux par le Créateur ou la nature et à laquelle ils se résignent.
L'esprit d'initiative et de créativité est très faible. Actuellement, ce sont des sujets « *Nande* » du Nord- Kivu qui, dans leur goût de risque et d'aventure, pénètrent petit à petit ces milieux de pauvreté pour faire des affaires. Ils ouvrent des boutiques, des débits de boissons, des restaurants, etc. et organisent des services de transport en commun. Ils achètent des matières précieuses auprès des exploitants artisanaux, tandis que les natifs perdurent dans leur attentisme.
La Communauté « *Zande* » dans les nouvelles provinces du Bas-Uélé et du Haut-Uélé continue de croupir dans la misère. Les pesanteurs qui retardent son développement sont nombreuses, telles que décrites plus haut.

CHAPITRE 3.
STRATEGIES DE SORTIE DE LA PAUVRETE

Les pesanteurs défavorables au développement des communautés ethniques de la République Démocratique du Congo sont nombreuses et diffèrent selon les comportements et les cultures de chaque peuple. Cette différenciation expliquerait en grande partie les inégalités entre les indicateurs de bien-être des populations des vingt-six provinces du pays, des communautés locales et même des villages.

Laisser les Congolais et les communautés ethniques entières dans l'ignorance et l'aliénation mentale qui les maintiennent dans la pauvreté serait une irresponsabilité de la part des gouvernants, des acteurs du développement et de toute personne avertie. La recherche des voies de sortie des contraintes au développement communautaire serait parmi les priorités du leadership congolais.

Dans cette logique, **Symphorien Pyana** souligne que « La responsabilité de la crise congolaise incombe non seulement au leadership congolais, mais aussi au citoyen congolais en général. Il était aussi attesté que l'issue de la crise congolaise implique la rénovation de l'être et du comportement du leadership congolais ainsi que du citoyen congolais en général. Il est par ailleurs postulé que, pour atteindre cet objectif, on doit réorienter notre manière de socialiser et d'éduquer l'homme et la femme en insistant sur la conscientisation, sur la violence et la paix, sur l'art des relations humaines et la science de la construction de la communauté nationale ».[107]

Pour d'autres auteurs et acteurs du développement, la sortie de la crise passe par la conversion des mentalités et la révolution culturelle. Ici, **Paulin Manwelo** (sj)[108] privilégie la révolution culturelle car la conversion des mentalités serait un euphémisme. Il s'agit d'une révolution dont l'Afrique a besoin. C'est tout un système culturel qu'il faut révolutionner, de fond en comble. La vérité est que l'Africain est otage de ses propres traditions, de ses formes de vie et, finalement, d'une vision du monde qui ne sont pas libératrices.

Au-delà de toutes les considérations et des différentes thèses, plusieurs pistes de solutions sont possibles pour la rénovation de l'homme congolais et de sa communauté. Pour le besoin de la cause, les stratégies complémentaires ci-après seraient les mieux indiquées :

- conscientisation de la population,
- renforcement de l'accompagnement de la population,
- promotion du développement communautaire,
- promotion des « barza communautaires et intercommunautaires»,
- désenclavement physique et socioéconomique des communautés,
- socialisation des enfants.

[107] S. PYANA, *Op.cit*, p. 531.

[108] P. MANWELO, « Chassez le culturel, il revient au galop ! » dans **Congo Afrique**, n° 481, janvier 2014, p.19.

3.1. Conscientisation de la population

3.1.1. Concept de conscientisation

La conscientisation est un concept et une méthode d'éducation initialement conçus et développés par le philosophe, pédagogue et psychologue brésilien **Paulo Freire** pour la libération des masses rurales, des pauvres et des opprimés. L'auteur est parti du constat que la population mondiale est constituée, dans sa majorité, des masses rurales, surtout dans les pays du Tiers- Monde. Ces masses rurales vivent dans des conditions misérables : faim, maladie, exploitation par les pouvoirs publics, analphabétisme, insalubrité, etc.

Selon cet auteur, pour libérer lesdites masses rurales, il faut une pédagogie appropriée devant les conduire à une prise de conscience de leur situation et de leur ignorance. Pour lui, « L'indicateur d'une bonne éducation n'est pas dans la persuasion - qui est souvent teintée de la propagande – mais dans l'habileté à dialoguer avec les éduqués dans un mode de la réciprocité ».[109]

Partant de la conscientisation, il a mis au point, en 1963, une méthode de formation et d'alphabétisation fonctionnelle des adultes.

Pour **Angus**, « La conscientisation est à la fois éveil et disposition à agir pour le changement ou l'amélioration de l'état actuel de choses perçu comme bon ou mauvais, favorable ou non au progrès communautaire souhaité »[110]. Selon **Humbert**, la conscientisation est le « … processus par lequel des hommes et des femmes des couches populaires s'éveillent à leur réalité socio- culturelle, repèrent, pour les dépasser, les aliénations et les contraintes

[109] P. FREIRE, Education for Critical Consciousness, New York, The Seabury Press, 1974, p. viii.

[110] A. ANGUS, « Eglise Catholique et promotion des projets de développement », dans Naissance, vie et mort des projets de développement, Actes du Vème Séminaire scientifique, Kinshasa, du 27 au 29 mars 1992, Kinshasa, F.S.T.D., 1994, pp. 149.

auxquelles ils sont soumis, s'affirment en tant que sujets conscients de leur histoire ».[111]

Ailleurs, nous avons écrit : « La conscientisation vise à faire trouver les réponses par les publics eux-mêmes et à les engager dans des actions qu'ils auront eux-mêmes définies au terme d'une réflexion approfondie. Elle s'inscrit donc dans une pratique d'analyse sur le terrain avec les personnes directement concernées par un problème. Elle nécessite un travail d'accompagnement de l'appropriation du problème analysé par le public. La conscientisation est donc plus qu'une transmission de données. C'est une activité d'éducation et de formation qui, par définition, vise à modifier les représentations des destinataires »[112]

3.1.2. Domaines de conscientisation

La conscientisation de la population pour un changement de mentalités et, mieux de comportements, est une impérieuse nécessité pour le développement à la fois local et de toute la nation congolaise.

Il s'agit d'un travail en profondeur, qui devra toucher plusieurs dimensions ou domaines de la vie de la population comme des contraintes au développement de quelques communautés ethniques, identifiés et étudiés dans ce travail. Les plus importants de ces domaines sont : 1) le travail et la lutte contre la paresse, l'oisiveté et la passivité ; 2) les traditions, us et coutumes ; 3) les conflits sociaux ; 4) le tribalisme et le clanisme ; 5) la sorcellerie, la magie, le fétichisme et la jalousie ; 6) le parasitisme familial et l'attentisme ; 7) le planning familial ; etc.

---

[111] C. HUMBERT, *Conscientisation, expérience, position dialectique et perspective*, Paris, IDOC, 1976, p. 25.
[112] B. KAKURA, *Op. Cit.* p. 291.

La conscientisation reste la principale stratégie ou l'approche pour apporter des changements notables dans le comportement du Congolais et parvenir à tirer un profit réel des immenses potentialités naturelles de son pays.

3.1.3. Techniques, outils et supports

La conscientisation est une stratégie efficace pour le changement de mentalités et la révolution culturelle en RDC. Elle peut utiliser à la fois plusieurs techniques, outils et supports.

Les techniques et outils les plus en vue sont : (1) animation communautaire ; (2) la table ronde de développement ; (3) l'alphabétisation ; (4) la radiodiffusion et la télévision ; (5) la communication pour le changement de comportement ; (6) les églises ; (7) les théâtres, sketches, vidéo forum et films des expériences probantes.

Pendant la colonisation, l'évangélisation n'avait pas pénétré toutes les contrées du pays pour de multiples raisons dont les attitudes et les comportements des autochtones vis-à-vis des colons et des missionnaires. Des efforts déployés après l'indépendance n'ont pas suffi pour déraciner certaines traditions, us et coutumes et libérer le peuple de Dieu des croyances avilissantes.

Les églises peuvent valablement jouer ce rôle en intensifiant l'évangélisation et en changeant les orientations stratégiques dans les milieux restés encore traditionnalistes comme ceux des « *Zande* », « *Songye* », « *Hemba* », etc.

3.2. Renforcement de l'accompagnement de la population

La pauvreté de la population congolaise s'explique partiellement par l'absence ou l'insuffisance de son encadrement dans ses efforts de survie et de développement durable. **Edmond Nzita Binda** soutient que « L'encadrement technique peut offrir à celui qui en bénéficie, certains avantages comme par exemple : la sauvegarde de la connaissance acquise, grâce à des multiples rappels ; l'acquisition de connaissances fraîches et la certitude de bien faire ce qu'on sait faire. Il s'agit en effet du suivi, sur le terrain, par les experts, qui se chargent également d'évaluer régulièrement les résultats des entreprises qu'ils ont la charge d'encadrer »[113].

Les services spécialisés dans l'encadrement de la population sont le Ministère ayant dans ses attributions le Développement rural et les Organisations Non Gouvernementales de Développement.

Ce ministère a notamment pour attributions :

1) promouvoir le bien-être social des populations par la sensibilisation et l'animation ;
2) organiser et encadrer les paysans dans des coopératives et associations en milieu rural
3) élaborer et conduire les politiques et stratégies de développement rural ;
4) aménager, construire, réhabiliter et entretenir des infrastructures socio-économiques de base en milieu rural et péri-urbain dont : les routes et cours d'eau de desserte rurale, les sources d'eau, les adductions gravitaires et le forage des puits ; les marchés ruraux, les infrastructures de stockage et de commercialisation et l'électrification rurale.

Depuis quelques décennies, les Organisations Non Gouvernementales de Développement (ONGD) ont pris naissance en RDC et assurent l'encadrement de proximité de la population pour le développement local et communautaire.

[113] E. NZITA BINDA, *Op. cit.* p. 41.

Elles sont même structurées de la base jusqu'au niveau national, en passant par le niveau provincial.
Les ONGD aident les populations à se structurer en Initiatives Locales de Développement (ILD), en Organisations Paysannes (OP), en Organisations de Base (OB), etc. pour une gestion communautaire efficiente et efficace du développement local.
Le renforcement de l'encadrement de la population peut se faire par l'animation, la formation, la structuration, la vulgarisation, le conseil, la visite de suivi des activités, etc.
L'accompagnement a des impacts certains sur la réduction ou l'élimination de certains déterminants psychosociologiques de la pauvreté dont l'ignorance, la paresse, le manque de capacités institutionnelles et humaines, le manque d'esprit d'initiative ou d'entreprise, le manque d'esprit associatif, la jalousie et ses corollaires, les conflits sociaux, les us et coutumes, etc.

3.3. Promotion du développement communautaire

Le développement communautaire est le processus par lequel des membres d'une communauté s'investissent ensemble pour améliorer des situations qu'ils considèrent insatisfaisantes.
Pour **Dupont** et **Hoffman**, « Le développement communautaire est un processus au cours duquel une communauté augmente graduellement le contrôle et le pouvoir qu'elle exerce sur les questions qui la concernent. Le développement communautaire, c'est donc des gens qui constatent leurs problèmes et leurs besoins communs et qui entreprennent des démarches nécessaires afin de les résoudre et de répondre à leurs besoins. Le but ultime, c'est la prise en charge communautaire ».[114]

---

[114] DUPONT et HOFFMAN, *Développement communautaire*, Internet, Google, 2012.

La stratégie du développement communautaire peut facilement s'appliquer aux projets agricoles ; de réhabilitation ou de construction des routes, des pistes agricoles et des pistes d'aviation ; d'aménagement des sources d'eau ; de construction des marchés et des infrastructures de conservation des produits agricoles ; de construction des écoles, des formations médicales et des églises, etc.

Ces projets peuvent concerner une seule communauté ou plusieurs communautés à la fois. Dans ce dernier cas, il s'agira des projets intercommunautaires intégrateurs touchant les intérêts socio-économiques d'au moins deux communautés. Dans les deux cas, le développement communautaire ou intercommunautaire contribue à réduire les contraintes psychosociologiques au développement dont : 1) la paresse, l'oisiveté et la passivité ; 2) le manque de capacités humaines ; 3) la jalousie, la sorcellerie et le fétichisme ; 4) les conflits sociaux ; etc.

3.4. Promotion des « barzas communautaires et intercommunautaires »

Le « barza communautaire » est un cadre de concertation entre les personnes sages ou les leaders d'opinions et ayant droit de cité dans un village ou une communauté, pour gérer les conflits entre des membres ou des groupes spécifiques. Il examine également les questions du développement local ou communautaire.

Nous rejoignons **Pamphile Mabiala Mantuba-Ngoma** dans la proposition de la promotion des « barzas communautaires et intercommunautaires ». Pour lui, « Dans la gestion quotidienne de la communauté, les délibérations sur les questions importantes et la régulation des conflits se tenaient, sous forme de palabre, sur une place aménagé au milieu du village. La palabre constitue une école d'éducation à la tolérance, à la vérité, à la justice et à l'humilité, à la responsabilité de ses actes et à la coopération mutuelle dans la prise de parole, valeurs sans lesquelles une vie communautaire régulière et paisible ne serait possible. Il s'agit d'une école collective, ouverte à tous les âges et aux deux sexes, où l'individu apprend à respecter la vie, les éléments fondamentaux de la vie sociale et à agir avec sagesse et mesure ».[115]

La mission fondamentale du « *barza* » reste donc de prévenir, gérer et résoudre pacifiquement les conflits entre les communautés, entretenir un dialogue permanent entre-elles et favoriser une cohabitation pacifique.

Les premières expériences de promotion des « barzas communautaires et intercommunautaires » ont eu lieu dans les provinces du Nord- Kivu et du Sud-Kivu. Elles sont consécutives aux conflits sociaux récurrents dans cette partie du pays.

3.5. Désenclavement physique et socioéconomique des communautés

Plusieurs communautés de la RDC vivent dans l'enclavement physique, social, culturel, psychologique et politique depuis plusieurs décennies à cause de la dégradation des infrastructures de transport et de communication ainsi que de l'absence des médias et de la téléphonie cellulaire. Elles sont ignorantes des événements et des informations du monde, du pays et même des communautés voisines. Elles manquent de connaissances nécessaires pour mieux faire, mieux vivre et changer leurs mentalités ou comportements.

Au 21ème siècle, les communautés enclavées continuent de vivre selon les normes de la tradition, ignorant les nouvelles technologies, les expériences probantes de développement, les

---

[115] P. MABIALA M., *Op. cit.* p. 417.

nouveaux modes de vie, etc. Elles sont restées plus pauvres que les communautés qui peuvent facilement échanger des expériences avec les autres et qui ont régulièrement des informations utiles.

Pour **Zéphyrin M'pene**, « Les moyens de transport constituent dès lors l'élément fondateur qui favorise le 'vivre ensemble', consolide les liens et facilite la circulation des biens et des idées. La réhabilitation des infrastructures de transport permettra à la décentralisation d'être appliquée effectivement et au pouvoir central d'atteindre tous les coins du pays de sorte que chaque entité décentralisée puisse disposer effectivement de l'autorité et des pouvoirs politiques, économiques et judiciaires. (…) Les transports permettront aussi de renforcer le sentiment national »[116].

Abordant la question de la communication, **Fernand Tala-Ngai** affirma : « La communication des messages joue un rôle primordial dans le processus du développement. Elle est le principal outil pour les échanges commerciaux. La téléphonie, le fax et les autres systèmes de communication sont des véhicules de messages les plus compétitifs si l'on considère le rapport distance-temps-coût ».[117]

Le désenclavement des communautés en RDC par la réhabilitation des infrastructures de transport et l'information est une stratégie pour le développement local et national. Il joue substantiellement sur plusieurs pesanteurs gênantes pour le développement dont : l'ignorance, le manque de capacités humaines, le manque d'esprit d'initiative et d'entreprise, le faible esprit associatif, la paresse et l'oisiveté, la résistance au changement, les us et coutumes, etc.

---

[116] Z. M'PENE, « Les transports, un atout incontournable du processus de décentralisation en RDC », dans *Congo-Afrique*, n° 496, Juin-Juillet- Août 2015, p. 425.

[117] F. TALA NGAI, *Op.cit.*, p. 175.

3.6. Socialisation des enfants

Le changement des mentalités et la révolution culturelle en République Démocratique du Congo, rêve de tous les Congolais pour sortir du gouffre de la pauvreté, ne peuvent devenir réalités que par une socialisation rationnelle des enfants dès leur naissance. Cette stratégie participe de la formation de la personnalité de l'homme congolais avec une mentalité et une culture de développement et non de pauvreté.

En effet, la personnalité est une composante des facteurs héréditaires, congénitaux et environnementaux. Si la société ne peut influer sur l'hérédité et gérer le congénital, les facteurs du milieu sont à sa portée. C'est pourquoi, la socialisation des enfants paraît comme la solution la plus efficace et la plus efficiente en lieu et place des discours politiques fortement médiatisés et sans beaucoup d'effets sur le changement des mentalités et la révolution culturelle.

Que dire de la socialisation ? Pour **Wikipédia**, « La **socialisation** est le processus au cours duquel un individu apprend à vivre en société, durant lequel il intériorise les normes et les valeurs, et par lequel il construit son identité psychologique et sociale. Elle résulte à la fois de contraintes imposées par certains agents sociaux, mais aussi du développement de comportements prosociaux et d'interactions entre l'individu et son environnement physique et socioculturel. Elle favorise la reproduction sociale sans éliminer les possibilités de changement social. Ce processus est majeur durant l'enfance (« socialisation primaire ») et l'adolescence, mais se poursuit tout au long de sa vie (« socialisation secondaire »).»[118].

Il s'agit d'un processus par lequel sont transmises des valeurs et des normes dans le but de construire une identité sociale et

---

[118] WIKIPEDIA, *La socialisation*, https://fr.wikipedia.org/wiki/Socialisation, (consulté le 15 mars 2016 à 13 heures).

d'intégrer l'individu dans la société. La socialisation fait d'un individu un être social et est aussi créatrice de liens sociaux. Pour fonctionner, la société produit des valeurs et des normes, extériorisées pour être intériorisées par les individus.

Nous comprenons également la socialisation comme l'apprentissage de la vie en société, apprentissage visant l'adaptation à l'environnement social, par l'assimilation des normes, des valeurs, des structures intellectuelles et culturelles et des savoirs pratiques du milieu.

La socialisation est une stratégie et une pédagogie de changement permettant aux enfants d'intérioriser les normes et les valeurs relatives au travail, à l'esprit associatif, à la solidarité ou l'esprit de partage, à l'esprit d'initiative, à l'éthique et la conscience nationale, à l'identité sociale, aux diverses pratiques culturelles recherchées pour le développement local et national.

De profondes différenciations constatées entre les communautés ethniques étudiées sont les produits de la socialisation des membres par leurs sociétés. Quelques cas de socialisation des enfants sont édifiants pour la transformation des pesanteurs du développement en RDC.

Le travail est la principale valeur pour la promotion des conditions de vie de la population et du développement national. La Chine en est un exemple à travers le monde entier où elle s'impose par son esprit de travail. En RD Congo, les communautés « *Nande* », « *Shi* », « *Alur* » et « *Ngbaka* » comptent parmi les moins pauvres à cause de leur assiduité au travail, pour lequel tous les membres sont initiés dès leur enfance. Les parents se font accompagner aux champs par les enfants qui ont la responsabilité du sarclage, du semis, de la récolte, du transport des produits, etc. A l'âge scolaire, les enfants travaillent dans leurs écoles ; avant-midi ou après-midi, ils vont aux champs de leurs familles. Ils peuvent disposer également de leurs propres champs, sources de revenus pour la satisfaction des besoins personnels.

Les professionnels des métiers initient leurs enfants, dès leur petite enfance. Les enfants assistent leurs parents et apprennent sur le tas à exercer les mêmes métiers. Beaucoup de jeunes gens sont devenus des menuisiers, cordonniers, maçons, charpentiers, mécaniciens, électriciens, chauffeurs, etc. par la pédagogie de la socialisation.

L'esprit associatif, l'esprit communautaire et la solidarité entre les membres sont des valeurs cultivées dès l'enfance par les parents et la société. L'un des lieux appropriés pour cette socialisation est le repas consommé ensemble, dans les mêmes assiettes. Tout le monde mange ensemble et chacun tient compte de l'autre et même des absents. Un morceau de viande peut être équitablement partagé entre trois ou quatre personnes. Ce repas communautaire est une culture des « *Tetela* » et des « Arabisés » autour d'un plat de riz au pondu, du haricot, à la viande, etc. ; une culture des « *Nande* », « *Alur* » et « *Shi* » autour d'un plat de « *fufu* », de banane plantain et de patate douce. Ce partage de repas forme le comportement prosocial humain ou l'apprentissage à se soucier de l'autre sans attente de contrepartie. Il développe l'amour du prochain, la solidarité, la culture de l'équité et autres valeurs qui contribuent énormément à la stabilité et au développement communautaire et national.

L'éducation civique, morale et à la paix ou, mieux, l'initiation à la nouvelle citoyenneté vient d'être valorisée dans le système éducatif pour changer la mentalité et le comportement des Congolais. En effet, beaucoup de comportements des Congolais sont de nature à porter atteinte à l'idéal et aux valeurs du développement durable. Certaines valeurs sont devenues des antivaleurs et vice-versa. L'inconscience, l'impunité, le vol, la débauche, la prostitution, l'oisiveté, la passivité, la trahison, la facilité dans l'obtention du gain, la réussite aux études sans effort et dans le monde professionnel, le clientélisme, le

tribalisme, etc. sont autant de comportements que la société congolaise doit transformer.
L'initiation à la nouvelle citoyenneté imposée dans le monde scolaire doit être renforcée par la socialisation à toutes les étapes de la vie de l'homme. Sinon, les efforts du système éducatif seraient partiels avec des résultats également partiels et sans impacts réels sur le changement des mentalités et la révolution culturelle au pays. Faut-il rappeler que la famille est sans doute l'instance de socialisation la plus déterminante. Mais, cette socialisation devra se poursuivre à l'école, dans les groupes d'amis, dans les organisations professionnelles, dans les églises, dans les associations et dans les médias qui contribuent à l'apprentissage des valeurs, des normes et des rôles sociaux.

CONCLUSION

Le manuel sur les atouts et pesanteurs agissant sur le développement des communautés ethniques en République Démocratique du Congo est une réponse partielle aux différents questionnements sur les racines de la pauvreté de la population congolaise qui vit pourtant dans un environnement plein de potentialités naturelles et économiques.

Les investigations sur les pesanteurs et les déterminants psychosociologiques pour le développement ont été réalisées entre 2010 et 2017 dans les onze anciennes provinces du pays. Elles ont fait recours à plusieurs techniques et outils dont le « focus group », l'interview individuelle, la documentation et l'observation naturelle.

Les premières analyses, essentiellement centrées sur les déterminants de la pauvreté, avaient constitué des matières pour notre thèse de doctorat en 2015. Les analyses actuelles portent à la fois sur les pesanteurs négatives et sur les atouts favorables au développement des quinze communautés ethniques ci-après : Kongo, Yaka, Mongo, Ngbaka, Luba,Tetela, Songye, Hemba,Ngwana, Lega, Shi, Nande, Alur, Lendu et Zande.

Le manuel a développé vingt-cinq pesanteurs psychologiques, culturelles ou psychosociologiques qui freinent la promotion des Congolais. Il s'agit de : la sorcellerie, la magie, le fétichisme et la jalousie ; la tradition, les us et coutumes ; la paresse, l'oisiveté et la passiveté ; le conflit social et identitaire ; le tribalisme et le clanisme ;le parasitisme familial et l'attentisme ; l'orgueil et la vantardise ; la culture de la cruauté, de l'agressivité et de la mort ; l'inconscience et le manque d'éthique; la culture de la cueillette ; le faible esprit d'initiative et d'entreprise ; le manque de goût du risque et d'aventure ; le faible esprit associatif ; la colonisation et l'évangélisation ; le fatalisme et l'accommodation ; la cupidité et l'égoïsme ; les stéréotypes sociaux ; l'alcoolisme ; l'enclavement géographique et socioéconomique ; la discrimination sexo-spécifique ; l'initiation des jeunes ; la taille de ménage et la surpopulation ; la politisation des communautés ; l'exode rural et le sous peuplement; l'esprit de jouissance.

Treize atouts majeurs favorisant le développement ont été identifiés dans les communautés ethniques et analysés. Ils sont les suivants : le travail, l'assiduité et le dynamisme ; l'esprit associatif et de solidarité ; l'esprit d'auto développement ; l'esprit d'initiative et d'entreprise ; le goût de risque et d'aventure ;la culture de concertation et de réconciliation ; l'attachement aux valeurs culturelles ; l'humilité, l'honnêteté, la discrétion et la sobriété ; la franchise et la sincérité ; la forte capacité de mobilisation ; l'esprit d'émulation ; l'intégration culturelle ; la cohésion et l'esprit de corps.

La plupart des communautés ethniques de la RDC vivent encore dans l'extrême pauvreté à cause de leurs propres comportements, de leurs traditions, us et coutumes ainsi que de leurs cultures. La capitalisation et le renforcement des atouts ainsi que la « positivation » des contraintes contribueraient énormément à l'amélioration de leurs conditions d'existence.

Pour ce faire, quelques stratégies peuvent être adoptées, à savoir : la conscientisation de la population, la promotion des « *barzas communautaire ou intercommunautaire* », la promotion du développement communautaire, le renforcement de l'encadrement de la population, le désenclavement physique et socioéconomique des communautés et la socialisation des enfants.

La présente étude a porté sur quinze communautés ethniques alors que le pays en compte beaucoup plus. Le domaine de recherche sur les pesanteurs qui constituent les freins et les déterminants au développement des populations et de toute la

nation congolaise est encore relativement vierge. Les acteurs du développement et les chercheurs en sciences sociales et humaines peuvent s'y investir pour aider les pauvres à sortir de leur gouffre.
La République Démocratique du Congo est un pays qui languit encore dans la pauvreté dans toutes ses facettes. Son développement dépend en grande partie du travail de chacun, de chaque communauté et de toute la population ainsi que du renforcement de la gouvernance politique, administrative, judiciaire et économique.
L'émergence de la RDC au niveau africain et mondial est possible comme l'affirmait **Patrice Emery Lumumba** lors de la cérémonie d'accession à l'indépendance en 1960 : « Nous allons montrer au monde ce que peut faire l'homme noir quand il travaille dans la liberté et nous allons faire du Congo le centre de rayonnement de l'Afrique toute entière. (...) J'invite tous les citoyens, hommes, femmes et enfants, à se mettre résolument au travail en vue de créer une économie nationale prospère qui consacrera notre indépendance économique »[119].
Enfin, le rêve commun à tous les Congolais pour l'éradication de la pauvreté, le développement durable et l'émergence est possible ; à l'instar de « *I have a dream* », en 1963, de Martin Luther King, Pasteur noir américain, devenu réalité en 2008 par l'entrée triomphale à la Maison Blanche d'un noir en la personne de Barack Obama. Pour ce faire, deux stratégies sont de mise, à savoir : le changement de mentalités et la révolution culturelle au sein des communautés ethniques.

[119] P.E. LUMUMBA cité par C.N. RISS, *Op.cit.*, pp. 121-122.

BIBLIOGRAPHIE

Ouvrages, documents scientifiques et rapports

AKELE P., « L'identité nationale congolaise ! », dans Congo Afrique, n° 483-484, Kinshasa, CEPAS, mars –avril 2014.

AMNESTY INTERNATIONAL, RDC au bord du précipice: aggravation de la situation des droits humains et de la situation humanitaire en Ituri, Londres, mars 2003.

BAIRACK P., Le Tiers Monde dans l'impasse, 3ème édition, Paris, Gallimard, 1971.

CACUDEKI, Enquête sur les conditions de vie socioéconomique des ménages duTerritoire de Lubero (rapport inédit), Butembo, Cacudeki, 2009.

CADEMA-ASBL, Table Ronde pour le Développement de Mahagi (rapport inédit), Mahagi, Cadema, 2009.

C.N.RISS, Les plus beaux discours de l'histoire humaine, Kinshasa, COOPECCO, 2014.

DIANGITUKA F., Pouvoir et clientélisme au Congo-Zaïre-RDC, Paris, L'Harmattan, 2001.

DEVISCH R., « La rencontre anthropologique et ses ombres », dans Anthropologie et Sociétés, Volume 34, numéro 3, 2010.

EVANS-PRITCHARD, Sorcellerie, oracles et magie chez les Azandé, Londres, Edition Gallimard, 1972.

GERGEN J. ET GERGEN M., Psychologie sociale, Montréal, Editions Etudes Vivantes, 1984.

HENRY M., Les proverbes Ngbaka, Kinshasa, Edition Ciem Limete, 1975.

KAKURA B., Déterminants Psychosociologiques de la Pauvreté en République Démocratique du Congo, (Thèse de doctorat inédit), Université de Kisangani/ FPSE, 2015.

KAMAFUNZI F., Le Congo : un mendiant assis sur une montagne d'or, Kinshasa, Edition Amimweni, 2008.

KAMBALE RUKWATA, *Pour une théologie sociale en Afrique. Etude sur les enjeux du discours sociopolitique de l'Eglise catholique au Congo*- Kinshasa entre 1990 et 1997, Paris, L'Harmattan, 2004.[1]
KIBEL'BEL O,RD Congo-Ituri. De la guerre identitaire au pillage des mines d'or de Kilo-Moto par des multinationales anglo-saxonnes, Editions-Scribe, 2016.
PROGRAMME AMANI, La Conférence sur la Paix, la Sécurité et le Développement du Nord- Kivu et du Sud- Kivu (rapport inédit), Kinshasa, 2008.
LUDO M., Kabila et la révolution congolaise. Panafricanisme et néocolonialisme, Anvers, Editions EPO, 2002.
MABIALA M.N., « Les pesanteurs culturelles en République Démocratique du Congo », dans Les porteurs du développement durable en R.D.Congo, Kinshasa, CEPAS et du Spectrum, 2009.
MAES V., Les Ngbaka du Centre de l'Ubangi, Gemena, Pères O.F.M. Capucins, 1975.
MAISONNEUVE Jean, Introduction à la Psychologie, Paris, PUF, Coll. « Le psychologue », 1989.
MANWELO P., « Chassez le culturel, il revient au galop », dans Congo-Afrique, n° 481, Kinshasa, CEPAS, janvier 2014.
MAYOLA, « La liberté dans la pauvreté ou la richesse dans l'esclavage ! Plaidoyer pour un travail décent », dans Congo Afrique, n° 485, Kinshasa, CEPAS, mai 2014.
MINISTERE DU PLAN, Rapport Global Final. Enquête 1-2-3. Résultats de l'Enquête sur l'Emploi, le Secteur Informel et sur la Consommation des ménages/ 2012, Kinshasa, INS, 2014.
MOKONDA BONZA,« Développement durable en milieu rural congolais : cas de la Province Orientale », dans Congo Afrique, Kinshasa, CEPAS, 2009.
MONUSCO, Rapport de l'Enquête sur les foyers de tension au Kasaï Oriental, *Mbuji-Mayi*, MONUSCO, 2010.
M'PENE Z., « Les transports, un atout incontournable du processus de décentralisation en RDC », dans Congo-Afrique, n° 496, Kinshasa, CEPAS, Juin-Juillet- Août 2015.

MUBIMBA C., « Croissance, inégalités et pauvreté en RDC : quelle peut être la contribution d'une économie sociale », dans Congo-Afrique, n° 482, Kinshasa, CEPAS, février 2014.
MUHIGIRWA F., « Pas de développement sans la paix et la sécurité », dans Congo-Afrique, n° 457, Kinshasa, CEPAS, Septembre 2011.
MUKOMBO B., « Les valeurs traditionnelles Hungana à l'épreuve de la modernité », dans Congo-Afrique, n° 499, Kinshasa, CEPAS, novembre 2015.
MUNGALA et RR'DDA, Rôles de l'Université dans la lutte contre la pauvreté en République Démocratique du Congo (Séminaire de Questions Approfondies de Sociologie de l'Education), Université de Kinshasa, FPSE, 2005.
MUTINGA M., RD Congo, la République des inconscients, Kinshasa, le Potentiel, 2010.
MWABILA M., « La conscience sociale en RD Congo », dans Congo-Afrique, n° 464, Kinshasa, CEPAS, avril 2012.
MWEHU M., Vie et Mœurs chez le Peuple Hemba, (document inédit), Kinshasa, 2015.
NDJANGO O., Pour une nouvelle ère de cohabitation intercommunautaire en Ituri, Kisangani, Edition BUTRAD, 2005.
NZITA BINDA, Entreprise individuelle en République Démocratique du Congo : la solution agricole, Boma, Editions du Service Diocésain d'Impression, 2003.
PAUL VI, Le développement des peuples. Popularum progressio, Kinshasa, Editions St. Paul Afrique, 1977.
PNUD, Rapport sur le développement humain 2013. L'essor du Sud : le progrès humain dans un monde diversifié, New-York, PNUD, 2013.
PNUD, Programme de Consolidation de la Paix au Kasaï Oriental (document inédit), Mbuji- Mayi, PNUD, 2010.
RDC, SUD UBANGI. Bassins d'eau et espace agricole ; Bruxelles, Edition SAMSA, 2013.

SALMON P., « *L'umwali* : une école d'amour africaine (Zaïre) », dans Histoire sociale de l'Afrique de l'Est (XIX-XX siècle), France, Editions KARTHALA, 1991.
TALA-NGAI F., R.D.C. de l'an 2001 : déclic ou déclin ?, Kinshasa, Editions Analyses Sociales, 2001.
TEKITA K., « Contribution au débat sur l'engagement des garçons et des hommes pour une société congolaise plus équitable. Quelques observations en matière d'égalité des sexes », dans Congo-Afrique, n° 493, Kinshasa, CEPAS, mars 2015.
TURKI A., Cours de Psychosociologie, Paris, ISSEP DU KET, 2011-2012.
VANGU VANGU, Sexualité, Initiations et étapes du mariage en Afrique. Au cœur des rites et des symboles, Paris, Publibook, 2012.
WANI'IYE A., L'impact de la Colonisation sur les Structures Politiques et Administratives du District de l'Ituri, 1912 – 1960 (Mémoire de Licence en Histoire inédit), Kinshasa, IPN, Département de l'Histoire, 1983.

WEB GRAPHIE

CALONNE A., Ethnographie générale des bassins de l'Ubangi-Uélé et de l'Aruwimi, Bruxelles, https://archive.org/stream/azandeintroducti00calo/azandeintroducti00calo_djvu.txt.
CONGODIASPORA, Les Yaka un peuple mal connu, http://congodiaspora.forumdediscussions.com/t3899-les-yaka-un-peuple-mal-connu.
Détours des Mondes, Arts lointains, Espaces de cultures, http://detoursdesmondes.typepad.com/dtours_des_mondes/songye/.
DUPONT et HOFFMAN, Développement communautaire, Internet, Google, 2012.

GOOGLE, Lettre ouverte à la Communauté Nande, ktcarnet.afrikblog.com/archives/2007/05/03/482828.html.
KAKULE M., La symbolique du Mbanulo chez les Nande, http://www.congoforum.be/fr/congodetail.asp?subitem=20&id=31018&Congofiche=selected.
KANGUDIE C., Tshibindi, tshibawu, lupemba chez les Baluba, http://www.mbokamosika.com/article-tshibindi-tshibawu-lupemba-chez-les-luba-112178787.html.
KIROSHO B.,Le Bwali, rite initiatique de la tribu lega, en RD Congo, www.agoravox.fr/tribune-libre/acticle/le-bwali-rite-initiatique-de-la-13114.
MULONGO F., Maniema, berceau de l'Islam, http://www.congoforum.be/fr/congodetail.asp?subitem=21&id=149897&Congofiche=selected.
WIKIPEDIA,Concept communauté,http://leesdefinitions.fr/communaute#ixzz3psLmfZ8b.
WIKIPEDIA, Conflits sociaux,http://ses.webclass.fr/notion/conflits-sociaux.
WIKIPEDIA, Psychologie communautaire, https://fr.wikipedia.org/wiki/ Psychologie communautaire.
WIKIPEDIA, Songye, un peuple de la République Démocratique du Congo, https://fr.wikipedia.org/wiki/Songye_%28 peuple%29.
WIKIPEDIA, Conflit Hema - Lendu, https://fr.wikipedia.org/wiki/Conflit_d'Ituri (consulté le 21 novembre 2016, à 14 heures 30 minutes).

TABLE DES MATIERES

République démocratique du Congo
aux éditions L'Harmattan

Dernières parutions

L'AUDACE CONGOLAISE
Perspectives à partir de l'élection de 2006 en RDC
Ndjate Omanyondo N'Koy Alphonse - Préface d'Albert Ongendangenda Tienge
Cet ouvrage ouvre la porte menant à une réflexion de combat, à la fois intellectuel et spirituel, dont l'objectif final est de mettre en évidence l'audace congolaise incarnée par le président Joseph Kabila à travers le surlignage de ses décisions les plus marquantes depuis son accession au pouvoir. L'ouvrage aborde également l'analyse de l'élection présidentielle de 2006 sous un angle nouveau, à savoir l'approche ciblée du parcours de chaque candidat en lice.
(Coll. Points de vue, 29.00 euros, 280 p.)
ISBN : 978-2-343-10641-0, ISBN EBOOK : 978-2-14-003380-3

LES BALUBA D'HIER ET D'AUJOURD'HUI
Permanences, ruptures, transformations et extinctions des traditions africaines
Ngandu Kamunga Jean - François - Préface de Bernard Ugeux
Ce livre est un long voyage à la découverte des Baluba d'hier et d'aujourd'hui. Il s'adresse à tous ceux qui veulent découvrir, comprendre et approfondir l'évolution des cultures africaines d'une manière générale. Et d'une manière particulière, il s'adresse à tous les Baluba qui ne maîtrisent pas bien leur histoire et leurs traditions culturelles. «Nous devons être fiers de notre «être luba».»
(Coll. Études africaines, 31.00 euros, 304 p.)
ISBN : 978-2-343-11384-5, ISBN EBOOK : 978-2-14-003441-1

OBJETS-SYMBOLES DANS LA CULTURE YAKA EN RD CONGO
N'Soko Swa-Kabamba Joseph - Préface de Faïk - Nzuji C.M.
Sauver ce qui peut encore l'être, stocker, conserver, espérer le transmettre un jour, c'est cela que nous offre cet ouvrage. Il existe un lien étroit entre le symbole et le sacré, le symbole et l'homme, le symbole et l'identité. Le symbole se déploie dans le vécu quotidien où il devient un médiateur du sacré. Les objets symboles en usage quotidien dans l'univers culturel yaka (les animaux de la basse-cour, les arbres sacrés, l'eau, le feu, le nœud...) parlent, enseignent, renseignent, nouent ou dénouent.
(Harmattan RDC, 25.00 euros, 252 p.)
ISBN : 978-2-343-11529-0, ISBN EBOOK : 978-2-14-003349-0

L'ÉMERGENCE PAR LA SCIENCE
Pour une recherche scientifique citoyenne au Congo-Kinshasa
Bongeli Yeikelo Ya Ato Emile
L'auteur entreprend un plaidoyer pour un recours systématique à la raison scientifique face à la déraison qui prévaut dans la recherche des solutions aux multiples défis qui gangrènent le pays dans tous les domaines. La RDC ne pourra affronter ses crises récurrentes avec responsabilité qu'en tournant le dos à la déraison et aux pratiques obscurantistes s'y rapportant en faveur des comportements responsables basés sur des connaissances scientifiquement fiabilisées.
(Harmattan RDC, 32.00 euros, 308 p.)
ISBN : 978-2-343-11524-5, ISBN EBOOK : 978-2-14-003338-4

LES PARTIS POLITIQUES DE LA RÉPUBLIQUE DÉMOCRATIQUE DU CONGO
Analyse faite à partir de différents textes légaux portant organisation et fonctionnement des partis politiques (1990 à nos jours)
Makengo Nkutu Alphonse
L'originalité de cet ouvrage est de passer en revue les partis politiques de la République démocratique du Congo à travers des textes légaux portant sur leur organisation et leur fonctionnement. Ce pays est en pleine mutation et connaît une vie politique très mouvementée, animée par divers partis politiques. Ceux-ci doivent leur existence à la formation de la volonté politique du peuple, leur fondation n'est donc pas obligatoire et leur organisation interne doit répondre au principe démocratique.
(Coll. Études africaines, 23.00 euros, 226 p.)
ISBN : 978-2-343-11141-4, ISBN EBOOK : 978-2-14-003278-3

RESSOURCES NATURELLES ET DÉVELOPPEMENT
Le paradoxe congolais
Sous la direction de Trefon Théodore et De Putter Thierry
Les études académiques sur le Congo sont trop souvent focalisées sur la politique et les aspects sécuritaires, voici une histoire différente des relations entre pouvoir et nature. La République démocratique du Congo dispose des ressources naturelles dont le monde a besoin. Quelles nouvelles dynamiques sont à l'œuvre dans la gestion des forêts, des minerais, du sol, de l'eau et du pétrole ? Cette étude relie tous ces secteurs en les connectant entre eux et en les intégrant à des dynamiques transnationales, africaines et internationales. Écrit dans un style clair et direct, voici un éventail de faits et d'analyses pour tout lecteur intéressé par l'économie politique de la gestion des ressources en Afrique.
(Coll. Cahiers Africains, 24.50 euros, 212 p.)
ISBN : 978-2-343-11407-1, ISBN EBOOK : 978-2-14-003084-0

LA CULTURE DU MAÏS SUR LES OXISOLS EN RÉPUBLIQUE DÉMOCRATIQUE DU CONGO
Muyayabantu Mupala Georges
Les oxisols dominent sous climat chaud et humide dans la plupart des pays tropicaux. Cependant, ils accusent des contraintes majeures dans la production

agricole liées en partie à leur nature acide, cause de la fixation élevée du phosphore. De ce fait, leur amélioration devient une impérieuse nécessité face au besoin de sécurité alimentaire. D'où l'objectif principal de cet ouvrage : contribuer à l'amélioration de la productivité d'un oxisol au regard du besoin de production accrue et durable du maïs en monoculture et en association avec des légumineuses
(Coll. Notes de cours, 26.00 euros, 248 p.)
ISBN : 978-2-343-11074-5, ISBN EBOOK : 978-2-14-003255-4

LA SOCIÉTÉ CONGOLAISE FACE À LA MODERNITÉ 1700-2010
Numéro 89 – Mélanges eurafricains offerts à Jean-Luc Vellut
Mabiala Mantuba-Ngoma Pamphile, Zana Aziza Etambala Mathieu
L'insertion de la société congolaise, avec ses continuités et ses ruptures, a toujours été au centre des préoccupations de Jean-Luc Vellut, professeur émérite de l'Université catholique de Louvain. Cet ouvrage s'intéresse à la culture matérielle, à la psycho-histoire des relations internationales, aux rapports entre la religion et la politique, à la sociohistoire du système éducatif colonial, aux aspects sociaux et économiques de l'environnement et de l'urbanisme ainsi qu'aux facteurs socioculturels qui font partie de la trame de l'histoire politique postcoloniale.
(Coll. Cahiers Africains, 38.00 euros, 396 p.)
ISBN : 978-2-343-11120-9, ISBN EBOOK : 978-2-14-002905-9

ENFANCES AMBIGUËS
Anthropologie des enfants accusés de sorcellerie au Katanga (RDC)
Quaretta Edoardo - Préface de Bogumil Jewsiewicki
Cet ouvrage traite du phénomène d'accusation de sorcellerie dont les enfants font l'objet dans l'ancienne province du Katanga, dans le sud-est de la République démocratique du Congo. Pourquoi des enfants sont-ils aujourd'hui accusés de sorcellerie ? À partir de cette question, le but plus large du livre est d'apporter une contribution originale à la compréhension du statut social et symbolique des enfants et des jeunes dans les familles urbaines du Katanga.
(Coll. La Région des Grands Lacs Africains, 29.00 euros, 284 p.)
ISBN : 978-2-343-10394-5, ISBN EBOOK : 978-2-14-002906-6

LES FEMMES LOKÉLÉ EN RDC
Structure sociale et dynamique marchande
Mondole Esso-Libanza Ebeyogo Léon – Préface de Emile Bongeli Yeikelo ya Ato
La parentèle et les idéologies sont deux composantes de la structure sociale qui agissent sur les pratiques et les comportements économiques des individus dans les formations lignagères Lokélé. Les relations de parentèle agissent sur l'interaction sociale et sur les pratiques économiques des individus. Le lien entre l'origine familiale du capital marchand, de la main-d'œuvre et l'activité marchande des femmes Lokélé, renforce le solidarisme familial. Ce solidarisme se manifeste par des ponctions régulières des ressources, facilitées par des pensées et des croyances typiques qui renforcent la soumission, le maintien des divisions et la perpétuation des rapports sociaux de domination masculine. Les Lokélé assistent-ils à la défaite de l'entrepreneuriat féminin ? Ce serait celle de toute une culture.
(Harmattan RDC, 26.00 euros, 254 p.)
ISBN : 978-2-343-10262-7, ISBN EBOOK : 978-2-14-003012-3

LEXIQUE DES NOMS LUBÀ (République démocratique du Congo)
Wa Ilunga Mpunga
Le nom donné à la naissance est pour l'enfant son compagnon de vie. Il le ramène à ses racines, lui rappelle ses origines et les valeurs culturelles de son pays. Le lexique est destiné aux jeunes et à tous ceux qui souhaitent comprendre la richesse intrinsèque cachée derrière les noms ou y trouver de l'inspiration.
(Coll. Études africaines, série Langues, 30.00 euros, 304 p.)
ISBN : 978-2-343-07249-4, ISBN EBOOK : 978-2-14-002853-3

PRÉCARITÉ ET BIEN-ÊTRE À GOMA (RDC)
Récits de vie dans une ville de tous les dangers
Trefon Théodore, Kabuyaya Noël
Goma est une ville fascinante où grouille plus d'un million d'âmes prises dans les feux croisés des risques naturels et du cataclysme socio-politique et sécuritaire. Mais il y a à Goma, capitale du Nord Kivu, des lueurs d'espoir dans l'incertitude et de l'ordre dans le désordre. Reposant sur douze récits de vie, voici raconté la ville au travers d'histoires authentiques et humanisantes qui nous plongent dans la découverte des sentiments intimes de la population et des multiples réalités qu'elle vit dans ce creuset social, toujours en quête d'avenir.
(Coll. Cahiers Africains, 21.50 euros, 200 p.)
ISBN : 978-2-343-10503-1, ISBN EBOOK : 978-2-14-002360-6

LE SAINT-SIÈGE ET L'ÉTAT INDÉPENDANT DU CONGO (1885-1908)
L'organisation des missions catholiques
Dane Lokando Richard
Cette étude veut rendre compte non seulement de la façon dont s'est articulé le rapport entre le Saint-Siège (Papauté, Secrétairerie d'État et Congrégation de la Propaganda Fide) et l'État Indépendant du Congo (EIC) autour de l'organisation des missions catholiques, mais surtout dégager les éléments qui expliquent les raisons profondes des choix opérés par le Siège apostolique et évaluer l'incidence de ces choix sur la vie de l'Église catholique renaissante du Congo.
(Coll. Églises d'Afrique, 33.50 euros, 330 p.)
ISBN : 978-2-343-10434-8, ISBN EBOOK : 978-2-14-002247-0

L'ÉCONOMIE CONGOLAISE DE 2007 À 2016
Persistance des facteurs d'enlisement en RDC
Mutamba Lukusa Gaston
Ce livre analyse la situation économique de la République démocratique du Congo sur la période 2007-2016. Pour la première fois depuis 40 ans, des élections présidentielles et législatives furent organisées. Elles présageaient une nouvelle ère de paix et de prospérité. Mais la démocratie voulue par le constituant fut cependant une parodie et la population est restée pauvre suite à la mauvaise gouvernance. Le mauvais climat des affaires, la faiblesse de l'État et des institutions a poussé les pays voisins à phagocyter la RD Congo et à piller ses richesses.
(Coll. Études africaines, 29.00 euros, 284 p.)
ISBN : 978-2-343-10566-6, ISBN EBOOK : 978-2-14-002444-3

L'HARMATTAN ITALIA
Via Degli Artisti 15; 10124 Torino
harmattan.italia@gmail.com

L'HARMATTAN HONGRIE
Könyvesbolt ; Kossuth L. u. 14-16
1053 Budapest

L'HARMATTAN KINSHASA
185, avenue Nyangwe
Commune de Lingwala
Kinshasa, R.D. Congo
(00243) 998697603 ou (00243) 999229662

L'HARMATTAN CONGO
67, av. E. P. Lumumba
Bât. – Congo Pharmacie (Bib. Nat.)
BP2874 Brazzaville
harmattan.congo@yahoo.fr

L'HARMATTAN GUINÉE
Almamya Rue KA 028, en face
du restaurant Le Cèdre
OKB agency BP 3470 Conakry
(00224) 657 20 85 08 / 664 28 91 96
harmattanguinee@yahoo.fr

L'HARMATTAN MALI
Rue 73, Porte 536, Niamakoro,
Cité Unicef, Bamako
Tél. 00 (223) 20205724 / +(223) 76378082
poudiougopaul@yahoo.fr
pp.harmattan@gmail.com

L'HARMATTAN CAMEROUN
TSINGA/FECAFOOT
BP 11486 Yaoundé
699198028/675441949
harmattancam@yahoo.com

L'HARMATTAN CÔTE D'IVOIRE
Résidence Karl / cité des arts
Abidjan-Cocody 03 BP 1588 Abidjan 03
(00225) 05 77 87 31
etien_nda@yahoo.fr

L'HARMATTAN BURKINA
Penou Achille Some
Ouagadougou
(+226) 70 26 88 27

L'HARMATTAN SÉNÉGAL
10 VDN en face Mermoz, après le pont de Fann
BP 45034 Dakar Fann
33 825 98 58 / 33 860 9858
senharmattan@gmail.com / senlibraire@gmail.com
www.harmattansenegal.com

www.ingramcontent.com/pod-product-compliance
Lightning Source LLC
LaVergne TN
LVHW010933061026
849535LV00007B/2369